社会科学
研究文库

U0612789

风帆正举

中国式现代化珠海实践研究

珠海市社会科学界联合会◎编

SPM
南方传媒 广东人民出版社

·广 州·

图书在版编目（CIP）数据

风帆正举：中国式现代化珠海实践研究 / 珠海市社会科学界联合会编 . —广州：广东人民出版社，2023.12
ISBN 978-7-218-17327-6

Ⅰ.①风…　Ⅱ.①珠…　Ⅲ.①现代化建设—研究—珠海
Ⅳ.①D676.53

中国国家版本馆CIP数据核字（2024）第010705号

FENGFAN ZHENGJU—— ZHONGGUOSHI XIANDAIHUA ZHUHAI SHIJIAN YANJIU
风 帆 正 举——中 国 式 现 代 化 珠 海 实 践 研 究

珠海市社会科学界联合会　编

版权所有　翻印必究

出 版 人：肖风华

责任编辑：梁　茵　陈泽航
封面设计：奔流文化
责任技编：吴彦斌

出版发行：广东人民出版社
地　　址：广州市越秀区大沙头四马路 10 号（邮政编码：510199）
电　　话：（020）85716809（总编室）
传　　真：（020）83289585
网　　址：http://www.gdpph.com
印　　刷：珠海市豪迈实业有限公司
开　　本：787mm×1092mm　1/16
印　　张：15.5　　字　　数：230 千
版　　次：2023 年 12 月第 1 版
印　　次：2023 年 12 月第 1 次印刷
定　　价：78.00 元

总　序 《

　　党的十八大以来，习近平总书记围绕构建中国特色哲学社会科学提出一系列新主张新论述新要求，作出了一系列重大部署。2016年，习近平总书记在哲学社会科学工作座谈会上指出，"一个没有发达的自然科学的国家不可能走在世界前列，一个没有繁荣的哲学社会科学的国家也不可能走在世界前列。坚持和发展中国特色社会主义，哲学社会科学具有不可替代的重要地位。"党的二十大报告强调："深入实施马克思主义理论研究和建设工程，加快构建中国特色哲学社会科学学科体系、学术体系、话语体系，培育壮大哲学社会科学人才队伍。"2023年10月，习近平文化思想的正式提出为新时代哲学社会科学事业创新发展、谋篇布局指明了方向，提供了科学指南和根本遵循。

　　珠海经济特区成立四十多年来，始终坚持解放思想，深化改革，扩大开放，始终担负起中国改革开放和现代化建设排头兵、先行地、试验区的职责使命，取得了举世瞩目的巨大成就。珠海市哲学社会科学界坚持用习近平新时代中国特色社会主义思想凝心铸魂，聚焦珠海经济社会发展的理论和现实问题，不断推动哲学社会科学的知识创新、理论创新、方法创新，陆续推出系列理论阐释的时代力作、咨政建言的智慧成果、服务人民的学术精品，先后编辑出版了《珠海潮》和《珠海社科学者文库》，为汇集高质量哲学社会科学研究成果，激发社科工作者研究热情，促进哲学社会科学事业繁荣进步，服务珠海高质量发展作出了积极贡献。

进入新时代，珠海迎来了前所未有的发展机遇，粤港澳大湾区、横琴粤澳深度合作区、自由贸易试验区、现代化国际化经济特区"四区"叠加，一系列重大机遇相互促进、相互推动、相互彰显，释放出强大的发展潜力，珠海的地位、方位、定位达到了前所未有的高度。时代的呼唤，形势的发展，对珠海哲学社会科学事业的发展提出了新的更高要求。为进一步引领和激励广大哲学社会科学工作者紧紧围绕珠海经济社会发展开展更深层次的研究，充分发挥"思想库""智囊团"作用，打造高水平社科成果品牌，2023年，珠海市社科联对原有《珠海社科学者文库》进行优化提升，推出《珠海社会科学研究文库》，集中出版最新理论研究成果和新型智库研究成果，为构建具有珠海特色的哲学社会科学体系搭建了平台，全市哲学社科界将以此为契机，继续深入理论研究，深入基层，贴近一线，多出精品，多出力作，为珠海走在全面建设社会主义现代化国家前列贡献社科智慧和力量，开创新时代珠海哲学社会科学事业发展新局面。

《珠海社会科学研究文库》编审委员会

2023年12月

目录

理论篇

坚定中国式现代化之路 ·· 刘丽莎 / 2

坚持自我革命走好新时代的赶考之路 ····················· 张 文 / 13

浅论习近平新时代中国特色社会主义思想的哲学意蕴 ····· 周子善 / 24

解决大党独有难题的实践路径与中国智慧 ·············· 刘彦昌 / 36

党的二十大主题中的"通变"思维探析 ··················· 文李黙 / 45

中国式现代化新道路生态向度的生成逻辑

    ——学习贯彻党的二十大精神 ···················· 刘春蓉 / 53

以科教兴国战略助力中国式现代化 ······················· 段科锋 / 62

坚定价值自信:以人民为中心发展思想论析 ·············· 戴志国 / 67

以人民为中心走好共享发展之路 ···························· 陈雷刚 / 74

中国古代"天下为公"的治政理念与新时代构建人类命运共同体

    ·· 袁 青 / 78

试论社会主义现代化强国的健康基础 ····················· 谢仁生 / 86

挖掘新材料 发现新问题 提出新观点 构建新理论 推动珠海哲

学社会科学事业繁荣发展 ···································· 朱思哲 / 95

不断提高"七种思维"能力为推进中国式现代化而努力奋斗

    ·· 范登殿 / 102

牢牢把握珠海经济特区建设的根本遵循 ················ 朱力言 / 111

实践篇

以产业第一为抓手推动高质量发展　努力让珠海成为广东经济新增长极

·· 俞友康 / 118

增强信心　主动作为　珠海高质量发展正当其时 ········ 王梦阳 / 125

以国有企业高质量发展　助力珠海建设现代化产业体系

·· 祝　杰 / 133

珠海高质量城市跨越的空间举措 ·········· 李　清　陈锦清 / 138

以学习宣传贯彻党的二十大精神为统领　努力打造农业农村现代化

的珠海样本 ·· 熊　翔 / 146

深入学习贯彻党的二十大精神　探索高质量开展东西部协作的珠海

实践 ·· 赵　亮 / 152

深入学习贯彻习近平法治思想

　　——以新时代珠海法治建设实践为视角 ········ 李　元 / 159

让党旗在"一国两制"事业行稳致远的新征程上高高飘扬

·· 黄　莘 / 164

贯彻落实党的二十大精神　合作区如何更好支持澳门中小企业发展

·· 张　旭 / 170

推进港澳青年来珠跨境就业 ·············· 吴伟东　温　悦 / 177

弘扬改革开放精神与特区精神　续写珠海事业发展新篇章

·· 朱思哲 / 182

推进市民精神生活共同富裕 ···················· 叶少苏 / 188

弘扬特色生态文化　携手共创绿美珠海 ············ 李立周 / 194

用科学理论引领市场监管现代化建设 ·············· 孙　哲 / 198

以党的二十大精神为引领　勠力推动珠海银行业金融机构高质量

发展 …………………………………………………… 甘增辉／203

以党的二十大精神为指引　大力推动珠海知识产权检察工作高质量

发展 …………………………………………… 曾命辉　谢　楠／212

找准监督着力点　展现审计新担当新作为 ……… 孙幼娇　梁莹莹／219

探索产业跨区域协同　助推高质量发展 ………………… 范志鹏／223

深入学习贯彻党的二十大精神　推进国企党建和生产经营工作

深度融合 ………………………………………… 珠光集团党委办公室／226

以特区担当不断丰富和发展中国式现代化的珠海实践 … 孙　艳／234

后记……………………………………………………… 239

理论篇

坚定中国式现代化之路

◇ 刘丽莎

2022年10月16日，中国共产党第二十次全国代表大会在北京人民大会堂正式召开。党的二十大报告明确指出要以中国式现代化全面推进中华民族伟大复兴。"中国式现代化是人口规模巨大的现代化、全体人民共同富裕的现代化、物质文明和精神文明相协调的现代化、人与自然和谐共生的现代化"①，而西欧发达国家的现代化是建立在对他国奴役、压迫和殖民的经济基础上，二者具有巨大的差异性。中国式现代化是由党领导着全国各族人民，把马克思主义基本原理和中国国情相结合，创造性地走出的一个富有中国特点的现代化之路。要实现以中国式现代化全面推进中华民族伟大复兴的目标，应当从以下角度展开认识。

一、建设现代化的中国是中国共产党矢志不渝的追求

时至今日，中国共产党已成功召开二十次全国代表大会。"日月忽其不淹兮，春与秋其代序"，历史上有名的人物虽然会随着时间与世长辞，但过去的峥嵘岁月和总结出的经验会长存于世人心中。以史为鉴，不仅能明理，还可以察往知来。中国共产党人从诞生之日起，勠力奋战，带领全国各族人民逐步建设中国式现代化国家。在新时代，我们必须善于总结经验，让经验为我们提供助力。

---

① 《习近平在中国共产党第二十次全国代表大会上的报告》，新华网，2022年10月25日。

（一）新民主主义革命时期，中国共产党召开了七次全国代表大会

　　这七次全国代表大会中对中国式现代化具有重大意义的是一大、二大和七大。1921年，中国共产党第一次代表大会在浙江嘉兴的红船上召开。党的第一次全国代表大会仅有13名代表参加，代表全国50余名党员。但这13名同志如星星之火，日后成为燎原之势，许多党员代表在之后的革命中积极宣扬马克思主义，不顾自身性命在战场上驰骋。这一次代表大会堪称"开天辟地之大事"，大会选举产生了中央局，从此我国人民重新得到统一领导，有所依靠。1922年，党的第二次全国代表大会第一次明确提出了"反帝反封建"的民主革命纲领，并且通过了第一个党章，作出了中国共产党加入共产国际的决定。1938年毛泽东首先将"现代化"使用在军事领域，指出："革新军制离不了现代化。"[①]早期中国对于现代化的认识是被动的，是在谋求民族独立、国家富强的情况下明确现代化发展目标的。战火纷飞，几经辗转，中共七大在1945年才得以召开，此时出席的全国正式代表已达547人，全国共有121万党员。党员队伍的增大意味着马克思主义在中国广泛传播，我党的战斗力量在不断增强。毛泽东在中共七大提到："中国工人阶级的任务，不但是为着建立新民主主义的国家而斗争，而且是为着中国的工业化和农业近代化而斗争。"[②]战争带来的沉重痛苦使得民不聊生，抗日战争的胜利雪洗了中华民族的屈辱，是中国人民近百年首次实现了对外来侵略战争的彻底胜利。它大大增强了我国民众的责任感和信心，提高了中华民族觉悟，是中华民族从没落到振兴的重要转折点。中国共产党意识到要想缩短与西方国家的差距，是时候把"现代化"提到国家建设的日程当中。

---

① 毛泽东：《论持久战》，北京：人民出版社，1952年。
② 《毛泽东选集》第三卷，北京：人民出版社，1991年。

（二）社会主义革命和建设时期，中国共产党召开了四次全国代表大会

在建国初期，中国共产党提出了"一化三改"的总路线，其目标是由农业化向工业化大国的转变，本质是为实现现代化的探索。1956年"三大改造"的完成，标志着我国社会主义制度的初步确立，明确了社会主义现代化道路的方向。中共八大上明确提出党和人民当前的主要任务：集中力量把我国尽快地从落后的农业国变为先进的工业国。站在当时的历史视域中去评判，党和人民都认为完成了工业化就等于实现了现代化。因为当时的人们认为现代化就是要像西方那样拥有强大的工业体系，实现生产的自动化，拥有强大的军事力量，但其忽视了其他方面的发展。十年"文化大革命"后，邓小平指出："我们根本否定'文化大革命'，但应该说'文化大革命'也有一'功'，它提供了反面教训。没有'文化大革命'的教训，就不可能制定十一届三中全会以来的思想、政治、组织路线和一系列政策。"[1]1977年，中共十一大召开，在本次会议上，深刻反省"文化大革命"的教训，重新提出要在20世纪内把中国建设成为社会主义现代化强国的伟大宏愿。

（三）改革开放和社会主义现代化建设新时期，中国共产党召开了七次会议

1979年12月6日，邓小平与日本首相大平正芳谈话时提出："我们要实现的四个现代化，是中国式的四个现代化。我们的四个现代化的概念，不是像你们那样的现代化的概念，而是'小康之家'。"[2]这是改革开放初期，邓小平首次提出中国式的现代化，并把中国的现代化与"小康"这个出自《礼记》的理想社会状态联系起来确立为中国的发展目标。1980年，邓小平在中共中央召集的干部会议上剖析了目前的发展形势和各项任

---

① 《邓小平文选》第三卷，北京：人民出版社，1993年。
② 《邓小平年谱》上卷，北京：中央文献出版社，2004年，第582页。

务，声明："我们从八十年代的第一年开始，就必须一天也不耽误，专心致志地、聚精会神地搞四个现代化建设"，提出了适合中国国情的中国式现代化道路。1982年，中共十二大通过的报告《全面开创社会主义现代化建设的新局面》，提出分两步走，在20世纪末实现工农业年总产值翻两番的目标，继续贯彻把党的工作重心转移到经济建设上的精神，在改革开放中推进社会主义现代化建设。中共十四大至十八大，中国共产党人不断沿着中国式现代化的轨道前进，把马克思列宁主义与实际情况相结合，提出了"三个代表"重要思想、科学发展观，与毛泽东思想和邓小平理论一同指引全国上下进行经济建设，使中国实现从站起来到富起来的巨大跨越。

（四）中国特色社会主义进入新时代，中国共产党召开了十九大和二十大会议

2017年10月18日，习近平总书记在党的十九大报告中指出："我国社会主要矛盾已经转化为人民日益增长的美好生活需要和不平衡不充分的发展之间的矛盾。"[①]2021年7月1日，习近平总书记在庆祝中国共产党成立100周年大会上向世人庄严宣告："经过全党全国各族人民持续奋斗，我们实现了第一个百年奋斗目标，在中华大地上全面建成了小康社会，历史性地解决了绝对贫困问题，正在意气风发向着全面建成社会主义现代化强国的第二个百年奋斗目标迈进。"[②]在此基础上，2022年10月19日，中国共产党在第二十次全国代表大会上表示党以更加坚定的历史自信、更加自觉的历史主动、更加昂扬的奋进姿态、更加有为的精神状态，组织和率领全国各族人民向着中华民族伟大复兴第二个百年奋斗目标奋力前行。党的二十大对全面建成社会主义现代化强国两步走战略安排进行了宏观展望，重点部署了未来五年的战略任务和重大举措，坚持以中国式现代化全面推进中华民族伟大复兴，既不走封闭僵化的老路，也不走改旗易帜的邪路，朝着既定目标奋发努力、勇毅前行。

---

① 《习近平在中国共产党第十九次全国代表大会上的报告》，人民网，2017年10月28日。

② 《习近平：在庆祝中国共产党成立100周年大会上的讲话》，新华网，2021年7月1日。

二、全面正确认识中国式现代化的内涵，避免西方现代化叙事的陷阱

"现代化"一词常用于表示现代发生的社会和文化变迁的现象。从历史视角来看，现代化自近代以来从西欧扩展到全球，后发展国家易以西方发达国家为学习和模仿对象，所以它和现代西方化的含义很相似。其实"现代化"在20世纪60年代才开始流行，1969年本迪克斯提到："对于现代化，我理解是源于英国工业革命和法国政治大革命的一种社会变迁模式。它存在于一些领先发展的社会经济进步和政治进步之中，也存在于后来者的追随于前者的转变过程之中。"①北京大学罗荣渠教授给现代化下的定义："从历史的角度来透视，广义而言现代化作为一个世界性的历史过程是指人类社会从工业革命以来所经历的一场急剧变革，这一变革以工业化为推动力，导致传统的农业社会向现代工业社会的全球性的大转变过程，它使工业主义渗透到经济、政治、文化、思想各个领域，并引起相应的深刻变化。"②从中、西两方的角度出发去理解"现代化"，相同之处是将它与工业化挂钩。

（一）抓住"现代化≠西方化"的基本事实是深入认识中国式现代化的关键

我国的现代化道路是与西方现代化截然不同的一条崭新的道路。在过去，人们有两种错误的认识，一种是认为西方资本主义现代化是唯一可行的现代化模式，西方社会之外的所有国家只能按图索骥、亦步亦趋，遵循既定模式实现现代化；另一种认为中国可以走一条具有特色的现代化之路，但最终的目标还是要实现西方的那种现代化。这两种说法分别可以概括为"同途同归论""殊途同归论"，在过去曾被很多人认可和追捧。但

---

① Bendix Reinhard，"Economy and Society"，*American Sociological Review*，1969-08-01.

② 罗荣渠：《现代化新论》，上海：华东师范大学出版社，2013年。

在今天，当回首鸦片战争后全盘学习西方的失败，当看到我国悠久的农业文明和巨大的人口基数后，我们要明确的是上面的两种说法都是错误的，中国式现代化道路注定与西方的现代化有着非常多的差异。

（二）西方现代化与中国式现代化的发展进程是不同的

西方现代化是一个"串联式"的发展过程。西方现代化开始的时间较早，按照第一次、第二次、第三次工业革命的时间顺序，耗费近两个世纪发展到今天的规模。以英国的现代化发展为例，号称"日不落帝国"的英国在17世纪凭借航海技术的发展和殖民统治，积聚了丰富的原始资本。英国资本主义的萌芽和发展及君主立宪制的确立，这是英国现代化的准备阶段。18世纪的英国率先进行第一次工业革命，确立了现代化的工业制度。凭借着工业化的东风，英国资本家开始疯狂追求利润，虽然此时的英国注意到只实现经济自由是不行的，还要完善政治上的现代化，但颁布的法令大多还是维护上层贵族阶级和资本家的利益，这是英国现代化启动阶段。19世纪中叶至20世纪初期，经过第二次工业革命，西方资本主义由自由竞争过渡到垄断，开始进行资本输出和建造殖民帝国。比如第一次和第二次鸦片战争，英国为了掠夺更多的资本和资源，通过战争使清政府妥协，签下了不平等条约，使得英国的商品可以倾销海外并且获得大量的廉价劳动力，为它的现代化进程添柴加火，这是英国现代化的发展阶段。但是经历两次世界大战后，英国大受打击，实力大不如前，其现代化进程不得已减速，英国通过加入欧盟抱团、以美国马首是瞻等方式，试图重振国力。在未来，像英国这样的西方国家是否能在时代的洪流中再次获得发展的机会，还是个未知之数。

中国式的现代化是"并联式"的发展过程。近代的中国历经磨难，无论是经济、政治还是文化上都落后于西方发达国家。新中国成立初期，毛泽东同志曾感叹："现在我们能造什么？能造桌子椅子，能造茶碗茶壶，能种粮食，还能磨成面粉，还能造纸，但是，一辆汽车、一架飞机、一辆坦克、一辆拖拉机都不能造。"[1]特别是在抗美援朝战争中,与美国的较量使我国深刻意识到,我国落后的工业状况急需改变。鉴于这些现实状况,中央做出了优先发展重工业的决定,并规定首先确保重工业和国防基础的基本建设,尤其是保证一些对国家发展起重要决定意义的、能迅速增强国家工业基础与国防力量的主要工程的建设。1953年,中国开始实施建设国民经济的第一个五年计划,目标的主体是国家工业化。但是,光是发展工业无法解决人民"饿肚子"的问题。1956年4月,毛泽东在《论十大关系》中提出"两条腿走路"方针的基本思想。1968年,中共八大二次会议正式把并举发展的方针列为社会主义建设总路线的基本点。它包括:"在重工业优先发展的条件下,工业和农业同时并举,重工业和轻工业同时并举,在集中领导、全面规划、分工协作的条件下,中央工业和地方工业同时并举,大型企业和中小型企业同时并举,洋法生产和土法生产同时并举。反对在经济建设中只重视工业而忽视农业,只重视重工业而忽视轻工业,只重视大型企业而忽视中小企业,只重视发展中央工业而忽视发展地方工业,只重视洋法生产而忽视土法生产。"[2]工业与农业就像人的两条腿,只有两条腿都长得好,那么人才能走得顺畅,单靠一条腿或一条半腿都不可能走得好。"两条腿走路"的方针是为了充分调动各方面的积极因素,多快好省地建设社会主义。如今,我国的发展依然遵循"并联式"的过程,工业化、信息化、城镇化、农业现代化叠加发展,这才让中国全速奔跑在现代化赛道上,把"错过的二百年"重新寻找回去,从现代化的迟到国成为世界现代化的增长极、主引擎。从新中国成立初期的一贫如洗、百废待兴,逐渐发展到今天的成就,我国赶上了第三次工业革命的末尾,在时代的洪流中顺势而动。

---

① 《毛泽东文选》第6卷,北京:人民出版社,1999年,第329页。

② 张晓京等主编:《共和国领袖大辞典——毛泽东卷》,成都:成都出版社,1993年,第645页。

（三）西方现代化与中国式现代化的目标不一样

西方现代化是以资本逻辑为中心的。资本的力量推动了科学技术的进展，也大大地解放和开发了人类社会生产力。马克思曾说："资产阶级在它不到一百年的阶级统治中所创造的生产力，比过去一切世代创造的全部生产力还要多。"[①]但是我们不能忘记，资本是资产阶级残酷剥削工人阶级、进行殖民掠夺的工具，它所带来的发展，都是建立在对工人阶级剩余价值的剥削之上。西方现代化是以两极分化为表征的现代化，当前一些西方国家贫富分化严重，中产阶层塌陷，导致社会撕裂、政治极化、民粹主义泛滥。以美国为例，在经济方面，步入21世纪后，极度富裕阶层（最富有的前10%人群）和低收入阶层（后50%人群）之间的不平等问题愈发明显。2019年，美国前10%的家庭在总财富额中占比71%，和2016年保持一致，而后50%的家庭拥有的财富只占总体财富额的2%，也和2016年大致相同。[②]这些问题的发生，与2008年金融危机后美国政府所推行的新经济自由主义政策有着莫大的关系。当时美国寄希望于通过采取降息、发放国债等政府财政产品的手段刺激经济，而实际上并不重视整个经济体系中的经济失调和收入不公的现象，导致美国的失业率不降反增。低收入人群持续性无法解决基本的温饱问题，由此衍生出了其他社会问题，如抢劫、盗窃等犯罪行为，以维护公平为理由实际上是单纯宣泄对社会不满情绪的枪击事件等。上层资本家们集聚的财富无法进入社会中形成良性循环，反而逐渐渗透到政治、文化等领域。在政治方面，美国总统的选举机制加剧了两极分化的局面。上层资本家们通过金钱的手段控制选举的流程甚至是总统的产生，选举出来的总统要为幕后的财团效力，制定的社会政策也必定对上层资本家有所倾斜。不论是在2020年全美此起彼伏的政治社会活动，或

---

① 马克思、恩格斯：《共产党宣言》，长沙：湖南人民出版社，2021年。

② "The Federal Reserve Board of Governors in Washington DC"（September 28，2020），Federal Reserve Board，https://www.federalreserve.gov/econres/notes/feds-notes/wealth-and-income-concentration-in-the-scf—20200928.htm，retrieved October 16，2021.

是在2021年年初爆发的美国国会山骚乱，从表面看都反映出全美民众对于重大政治问题的强烈抗议心态，但其实这和美国长期以来西方现代化所追求的现代化目标密不可分。

中国式现代化是以人的现代化发展为中心。中国式现代化以人的自由全面发展为根本价值追求，突破了西方现代化的悖论。中国式现代化道路始终坚持人民至上的价值导向。习近平总书记曾深刻指出，为人民谋幸福、为民族谋复兴，这既是我们党领导现代化建设的出发点和落脚点，也是新发展理念的"根"和"魂"。中国共产党所奋斗争取的一切就是为了实现和满足人民的利益，坚持人民至上，始终把人民放在心中的最高位置，是中国共产党人的根本政治立场。正是这一根本政治立场，决定了中国共产党无论是领导革命、建设、改革，还是带领人民全面建成社会主义现代化强国，都始终坚持人民至上，将实现人民对美好的追求当成自己的奋斗目标。中国式现代化是所有中国人民共享财富的现代化，我们自觉并积极地解决区域差距、城乡差距、收入分配差异以促进社会公平正义，但决不允许社会贫富差异愈来愈大，从而产生"富者累巨万，而贫者食糟糠"的社会现状。从范围上看，则是全体人民的共同富裕；从体现内容上看，则是物质与精神相协调；从实现方式上看，兼顾了效率和公平。我国不仅要"做大蛋糕"，还要"分好蛋糕"，二者不可偏废。

三、深入领会中共二十大精神，坚定中国式现代化之路

我国是世界上最大的发展中国家，尽管已全面建成小康社会，但社会主义初级阶段的基本国情依然没有改变。坚定不移走中国式现代化之路，应该基于基本国情并从以下方面入手。

（一）全方位从严治党，深入推进新时代党的建设新的伟大工程

历史和现实证明，没有中国共产党，就没有新中国，就没有中国式现

代化。中国式现代化是中国共产党在深入研究中国实际情况，逐步与马克思列宁主义结合形成的具有中国特色的发展方式。中国共产党具有"集中力量办大事"的优势，坚持党的领导，发挥"领头羊"作用，中国式现代化拥有了更强大的政治保障。

（二）努力形成新型发展模式，促进经济高质量发展

习近平总书记在党的二十大报告中强调："高质量发展是全面建设社会主义现代化国家的首要任务。"[①]坚实的物质基础，是全面建成社会主义现代化强国的强大后盾。目前我国已打赢了脱贫攻坚战，贫困县和贫困户全面摘帽，拥有了比以往更加丰富的经济基础。但面临着复杂严峻的全球环境和经济新情况，在新的发展阶段中，我国要防止规模性返贫，要坚定稳中求进的经济社会管理工作总基调，进一步落实国家创新驱动发展战略，以新技术带动中国传统制造业的发展。新一代信息技术、生物科技、高端技术装备、绿色环保等战略性高新产业要不断壮大，与虚拟现实、网络、区块链、新一代人工智能等信息技术和传统产业实现深度融合。

（三）实施科教兴国战略，强化现代化建设人才支撑

我国人口基数大，但高层次的人才资源储备未能处于世界前列。教育可以使一个人明确对人类社会的责任和义务。教育的根本价值是给国家提供具有崇高信仰、道德高尚、诚实守法、技艺精湛、博学多才、多专多能的人才，培育经济与社会发展需要的劳动力，培养合格公民，为国家、社会创造科学知识和物质财富，推动经济增长，推动民族兴旺，促进人的发展，推动世界和平和人类发展。因此新时代的教育，必须要为人民服务，为巩固和发展中国特色社会主义制度服务，为社会主义现代化建设服务。教育的现代化有助于中国式现代化，全面普及义务教育，增强高等教育的建设，是培养德智体美劳全面发展的社会主义建设者和接班人的必然要

---

① 《习近平在中国共产党第二十次全国代表大会上的报告》，新华网，2022年10月25日。

求。当前我国的教育问题仍然突出，培养的人才无法完全适应社会发展的需求。因此，在今后中国式现代化发展中，要落实"产学研一体化"的教育方针，才能做到以人才发展为支撑，源源不断为我国高质量发展提供后续新生力量。

四、结语

习近平总书记在党的二十大报告中指出："中国式现代化的本质要求是：坚持中国共产党领导，坚持中国特色社会主义，实现高质量发展，发展全过程人民民主，丰富人民精神世界，实现全体人民共同富裕，促进人与自然和谐共生，推动构建人类命运共同体，创造人类文明新形态。"[①]世界上并不存在定位于一尊的现代化方法，更不存在放之四海而皆准的现代化目标。在新中国建立后，尤其是在改革开放以来的历史探索与经验基础上，我们党成功推进和拓展了中国式现代化。中国式现代化开创了文明新形态，开创了我国人民迈向发展的新道路，破除了我国唯有走西方资本主义道路才能够达到社会主义现代化的历史神话。

（作者单位：北京师范大学珠海校区）

---

① 《习近平在中国共产党第二十次全国代表大会上的报告》，新华网，2022年10月25日。

坚持自我革命走好新时代的赶考之路

◇ 张 文

党的二十大报告继党的十九届六中全会提出"自我革命是我们党跳出历史周期率的第二个答案"后进一步明确提出"全面从严治党是党永葆生机活力、走好新的赶考之路的必由之路"和"反腐败是最彻底的自我革命"两个重大命题。回溯中国共产党百年奋斗历程,党之所以能在困境中找到正确的前进道路,在遭遇挫折后不断发展壮大,最终成为领导亿万人民不断前行的马克思主义执政党,其中一个重要的原因就在于始终保持着永不懈怠的自我革命精神,始终坚持真理、修正错误,永葆了党的生机与活力。进入新时代"我国改革发展稳定面临不少深层次矛盾躲不开、绕不过,党的建设特别是党风廉政建设和反腐败斗争面临不少顽固性、多发性问题"①,如何继续坚持自我革命,坚持全面从严治党,对锻造中国共产党成为中国特色社会主义事业的坚强领导核心,开启全面建设社会主义现代化国家新征程具有重大的现实意义。

一、革命与自我革命

"革命"一词最早出现于《周易·革卦·彖传》,本义指变革天命,后续随着时代的不断发展,其词义逐渐扩大为各种形式、各个领域的重大变革。在马克思主义理论中,革命通常是指政治革命、生活变革、革命领导力量的自我变革等,其内涵主要体现为革命精神的弘扬、以革命为目标

---

① 《习近平在中国共产党第二十次全国代表大会上的报告》,新华网,2022年10月25日。

的创新等。而"自我革命"的核心意思是自我扬弃，它并不是自己否定自己，而是以"革命"的程度改革深层次利益矛盾问题，革除沉积的顽瘴痼疾；以系统论的观点来看就是远离平衡态、脱离僵化、摆脱固化、持续优化。自我革命的目的是不断修正不足与错误，坚持真理，提升自我，也就是"敢于清除一切侵蚀党的健康肌体的病毒，使党不断自我净化、自我完善、自我革新、自我提高，不断增强党的政治领导力、思想引领力、群众组织力、社会号召力"[①]。

二、一部中国共产党的历史也是一部党的自我革命史

"勇于自我革命是我们党区别于其他政党的显著标志。"[②]中国共产党在百年历史征程中，通过自我革命，不断走向正确的道路。在实践的基础上形成了关于党的自我革命的丰富思想成果，如坚定理想信念，加强党性修养，从严管党治党，严肃党内政治生活，勇于开展批评与自我批评，加强党内监督，接受人民监督，等等。这些都是推进党的自我革命的重要经验，使党始终保持纯洁性与先进性，始终站在人民的立场，领导人民取得一个又一个胜利。

（一）新民主主义革命时期党的自我革命实践

建党之初和大革命时期，在党的纲领和章程中，强调"监督"的作用和"纪律"的重要性，初步形成了批评与自我批评的作风。作为中国历史上第一个无产阶级革命政党，中国共产党自带刀刃向内的自我革命基因，早在中国共产党成立前党的早期组织中就确立了严格的纪律，坚持自我批评，并清除了无政府主义者，极大地纯洁了党的组织，为中国共产党的诞生奠定了组织基础。党的一大通过的《中国共产党第一个纲领》强调"监督"对党内组织生活管理的重要作用，对党的组织和党的纪律都有严格要

---

① 《习近平谈治国理政》第三卷，北京：外文出版社，2020年，第188页。
② 《习近平谈治国理政》第四卷，北京：外文出版社，2022年，第541页。

求。将严重违纪的中共一大代表陈公博、周佛海清除出党，彰显党自我革命的勇气，维护了党的纯洁。中共二大通过的第一部党章，强调党内纪律的重要性，并将"纪律"单列一章，表明党自我革命的决心，使党的组织成为坚强战斗堡垒。中共三大初步形成了批评与自我批评的作风。1927年四五月间，在大革命生死存亡的紧要关头召开的党的五大，在党的建设方面有一项创新性的突破，那就是面对当时党内外形势，第一次设立了专门的党的纪律检查机构——中央监察委员会，专司党内监督。

土地革命战争时期，中国共产党同党内出现的"左"右倾错误进行坚决斗争。八七会议的召开，纠正了党内右倾投降主义错误。党领导秋收起义、广州起义和其他许多地区的起义，这些起义大多数因敌我力量对比悬殊失败了。但中国共产党人从失败中得出一条重要经验：不能照搬俄国革命道路，要找到适合中国国情的革命道路。中国共产党先后对党内瞿秋白"左"倾盲动主义、李立三"左"倾冒险主义进行批评与斗争，特别是1935年遵义会议的召开，纠正了王明"左"倾教条主义错误思想，彰显中国共产党自我革命精神的优势，遵义会议确立了毛泽东在党中央和红军的领导地位，开启了党独立自主解决中国革命实际问题新阶段。

抗日战争时期，针对党内出现的"左"、右倾错误，通过延安整风运动予以纠正。抗日战争全面爆发后，中国共产党提出建立抗日民族统一战线反抗日本的全面侵华。王明却提出"一切服从统一战线，一切经过统一战线"的右倾错误口号，给党领导抗日带来不利。以毛泽东同志为代表的中国共产党人，决定进行自我革命，开展延安整风运动，通过"惩前毖后，治病救人"的方式，对这一时期党内出现的"左"、右倾错误思想进行整顿，克服主观主义、宗派主义和党八股所造成的危害。延安整风运动是一次党内集中教育活动，也是一次自我革命，纠正了抗战以来党内的错误思想，使党更加纯洁和更加先进，增强了凝聚力，为抗日战争和新民主主义革命的胜利奠定了组织和思想基础。

在党领导革命即将取得全国政权的前夜，毛泽东同志在党的七届二中全会上提出"两个务必"，要求全党在胜利面前要保持清醒，在夺取全国政权后要经受住执政的考验,这是在中国革命的关键时刻,对党未来肩负的历史使命的深刻思考,体现了党居安思危的自觉意识和对自我革命的坚守,毛泽东强调中国共产党人要有"赶考"的思想准备,要继续艰苦奋斗。

(二)社会主义革命和建设时期党的自我革命实践

社会主义革命和建设时期,党继续加强整风运动和制度建设,推进党的自我革命,以适应从局部执政向全国执政的转变。新中国成立后,党面临着经济风险和执政能力的双重考验,随着党的威信不断提高,极大地吸引了广大人民群众加入中国共产党,党的组织迅速扩大,截至1951年末,党员人数已高达580万人,拥有25万个基层党组织。随着党员队伍的扩大,党员人数的增加,党员队伍中暴露出了一些问题。一些党员干部素质问题日益暴露,甚至出现脱离群众、思想滑坡、意志消退等现象,主观主义和官僚主义开始抬头;一些没有完全符合党员标准的新党员进入党的组织,直接导致党内作风和思想都不纯,更有极少数党员因违法乱纪、贪污腐败、骄傲自满损坏了党的形象。

为解决上述突出问题,中国共产党自1950年起先后组织多次整党整风运动以推进自我革命。1950年的整风运动,对领导干部的整顿取得明显效果,党内作风问题有所好转。1951年的"三反"运动是一次全党的自我革命,通过惩处刘青山、张子善这一新中国反腐"第一案",净化了党组织,提高了党的威信,人民群众更加拥护并支持中国共产党,党的群众基础得以巩固。随着社会主义制度的确立,面临新的国际国内形势和执政考验,要求党继续秉持自我革命精神。1957年针对党内存在的官僚主义、宗派主义、主观主义进行了整风运动。党中央通过批评与自我批评等方式解决了党内突出问题,改进党的作风,既推进社会主义建设,同时又巩固了党的执政地位,还增强了执政能力和水平,也更加巩固了中国共产党的执政基础。

党中央通过整风运动改进作风,通过制度建设,加强党风廉政建设,坚持从严治吏。中央纪律检查委员会于1949年11月成立，地方纪律检查委员会随后在全国各地纷纷建立。1950年和1951年党中央分别发布《关于发展和巩固党的组织的指示》《关于接收新党员手续的规定》，这些制度规定对加强党组织建设的规范性、提高党的先进性和纯洁性起到重要作用。全国人大于1954年设立国家监察部，形成党的纪律与国家监察相互协同，进一步完善对党员干部的监督，为党的自我革命提供制度和组织保障。

（三）改革开放和社会主义现代化建设新时期党的自我革命实践

我国改革开放和社会主义现代化建设的新时期始于1978年党的十一届三中全会召开，大会提出了改革开放政策。改革开放初期，受"两个凡是"思想和"以阶级斗争为纲"错误方针的影响，党内思想僵化问题突出，"左"倾错误思想影响深远。中国共产党人深知只有进行彻底的自我革命，才能把党建设成强大的执政党。针对党内思想僵化问题，邓小平明确提出"解放思想"的要求，克服了"两个凡是"和"左"倾思想的束缚，推动全党思想大解放，为社会主义现代化建设提供了政治保障和思想保证。

为了适应经济体制改革和社会主义现代化建设的需要，中国共产党在政治体制上也进行了大胆的改革，尤其是对领导制度的改革，表明党自我革命的决心。党的十五大、十六大和十七大连续三次强调了廉政制度建设的重要性，表明中国共产党对廉政建设的重视与决心。

改革开放新时期，中国共产党以常态化的集中教育作为自我革命的主要方式，采取"先试点，后推广"的方法，在全党逐步开展讲学习、讲政治、讲正气"三讲"教育和"三个代表"重要思想学习教育活动等。这些常态化的学习教育活动突出解决中国共产党执政过程中遇到的实际问题，增强了中国共产党的战斗力、凝聚力和领导力。

改革开放以来，随着经济快速发展，一些党员干部抵制不了金钱的诱惑，放弃了理想信念，损害了中国共产党的形象，影响了党在群众中的公信力。对党员干部的监督不够充分是党内腐败问题出现的重要原因。针对党内出现的腐败问题，党中央提出并落实"党要管党、从严治党"的方针，加强反腐败斗争，加强作风建设，提高党员干部拒腐防变和自我净化的能力，这充分表明了党在市场经济环境中加强自我革命的决心。党的十七大将反腐倡廉建设与"四大建设"一起纳入党的建设总体布局，充分表明了中国共产党反腐斗争的决心，"四大建设"向"五大建设"的转变，促进中国共产党在自我革命中不断完善，中国共产党的执政能力大幅度提升。

（四）中国特色社会主义新时代党的自我革命实践

新时代，中国共产党更加注重锤炼自我革命意志，从加强理想信念教育、注重作风建设、坚持反腐败斗争，来践行自我革命精神，使党的执政能力得到大幅提高，赢得了全体人民的衷心拥护，社会主义事业更加蓬勃发展。正如在2018年7月全国组织工作会议上，习近平总书记指出，"党的十八大之前，面对一个时期以来党内存在的突出问题，全党是忧心忡忡的，我是忧心忡忡的"，并提出解决问题的办法是"想来想去，打铁必须自身硬"。①

复杂的国际形势给党带来更严峻的挑战；处于战略转型期的国内经济和全面深化改革，党面临的改革发展稳定的任务更加艰巨；老问题与新风险，考验党的执政能力。坚持全面从严治党，严厉惩治腐败分子，推进党的自我革命继续向纵深发展。从加强党内法规制度建设和理想信念教育着手，推进新时代中国共产党自我革命实践的发展与创新。新时代党的主题教育已经建立长效机制并向制度化迈进，主题教育的经常性与集中性相结合，党内学习教育更加规范和更加系统，党内的思想建设、作风建设和纪律建设都得到极大的增强，净化了党的肌体，提高了党的执政能力。新时

---

① 习近平：《切实贯彻落实新时代党的组织路线　全党努力把党建设得更加坚强有力》，人民网，2018年7月5日。

代中国共产党高度重视党内法规制度建设，从制度上为党的自我革命提供了有力保障。

为了提高中国共产党的自我净化能力，党的十八大以来，党把自我革命的发力点放在加强作风建设上。党中央通过"八项规定"，持续纠正"四风"，将日常监督与专项监督相结合，对党内私发津贴、收送礼金等问题进行了整治，党的纯洁性得到更好的维护。2019年党中央修订《中国共产党问责条例》，在防止问责不力和防止问责泛化方面都作了明确规定，通过党内精准问责净化了党内政治生态，营造了风清气正的良好政治氛围。作风建设和监督问责的协同推进，体现了党勇于自我革命的自觉，党的自我革命机制更加高效有力。

腐败问题直接影响群众对中国共产党的信任，关系到党的生死存亡，对党的长期执政造成巨大威胁，全力反对腐败并坚持"刮骨疗毒"，展现了中国共产党自我革命的勇气和决心。通过推进纪检监察体制改革，大大提高了党的自我革命效率。坚持有腐必反、除恶务尽，反腐对象上不封顶，不管多大的领导干部，上至中央领导，下至乡村干部，只要违规违纪，坚决依法办事。反腐范围广、力度大，彰显了中国共产党推进自我革命的信心与决心。

三、坚持自我革命走好新时代的赶考之路

习近平总书记指出："全面从严治党是新时代党的自我革命的伟大实践，开辟了百年大党自我革命的新境界。必须坚持以党的政治建设为统领，坚守自我革命根本政治方向；必须坚持把思想建设作为党的基础性建设，淬炼自我革命锐利思想武器；必须坚决落实中央八项规定精神、以严明纪律整饬作风，丰富自我革命有效途径；必须坚持以雷霆之势反腐惩恶，打好自我革命攻坚战、持久战；必须坚持增强党组织政治功能和组织力凝聚力，锻造敢于善于斗争、勇于自我革命的干部队伍；必须坚持构建自我净化、自我完善、自我革新、自我提高的制度规范体系，为推进伟大

自我革命提供制度保障。"①习近平总书记的重要论述系统而深刻地阐明了党的自我革命的丰富内涵和实践要求，需要我们结合新时代党建工作实践落到实处。

（一）以党的政治建设锚定自我革命的根本方向

2019年《中共中央关于加强党的政治建设的意见》指出，政治建设是根本性建设，是"灵魂"和"根基"，对党的其他建设具有统领提携、纲举目张的作用。因此，要通过卓有成效的自身建设来保证正确路线的贯彻执行。一是保证全党服从中央，坚持党中央权威和集中统一领导，增强"四个意识"、坚定"四个自信"、做到"两个维护"、拥护"两个确立"，确保全党统一意志、统一行动、步调一致向前进，这是政治建设的首要任务。二是对照党章要求，严格执行新形势下党内政治生活若干准则，大胆使用、经常使用、善于用好"批评和自我批评"这一有力武器和科学方法。三是加强政治文化建设，实现自我净化，同一切弱化党的领导、动摇党的执政基础、违反党的政治纪律和政治规矩的行为作斗争，防范和化解政治风险，塑造风清气正的政治生态。

（二）以党的思想建设淬炼自我革命的锐利武器

"思想建设是党的基础性建设。"党的二十大报告明确提出"坚持不懈用习近平新时代中国特色社会主义思想凝心聚魂"，这指明了思想建设的根本任务和方向。思想建设是连接各方面建设的一条红线，为党的建设提供理论指导和精神动力，具有夯基固本的作用。党的百年波澜壮阔的发展历程很大程度上得益于党的强大思想引领与正确价值导向，这也是党加强自身建设的宝贵经验，是自我革命的鲜明特色与突出要求。进入新时代，我们要赢得优势、赢得主动、赢得未来，就必须不断进行思想上的自我革新。一是牢固树立共产主义远大理想和中国特色社会主义共同理想，

---

① 《习近平谈治国理政》第四卷，北京：外文出版社，2022年，第550页。

牢固树立全心全意为人民服务的根本宗旨，这是中国共产党人的精神支柱和政治灵魂。二是开展集中性学习教育，弘扬马克思主义学风，真正把马克思主义这个看家本领学精悟透，用党的创新理论武装头脑。三是坚持与时俱进，以新的理念、思路、方法、手段切实解决一些党员、干部现实存在的理想信念缺失、宗旨意识淡化等各种矛盾和问题，不断提高自我革命的实效。

（三）以党的组织建设锻造自我革命的中坚力量

2018年全国组织工作会议上，习近平首次提出了"新时代党的组织路线"，从战略全局的高度阐释了"党的力量来源于组织"这一重大的理论与现实问题，标定了新时代党的建设和组织工作的价值取向、目标导向与实践走向。一是要健全党的组织体系，强化党组织的政治功能，不断增强各级党组织的"政治领导力、思想引领力、群众组织力、社会号召力"。二是匡正用人导向，净化用人风气，坚决整治选人用人上的不正之风，捆住一些人乱作为的手脚，放开广大党员干部担当作为、干事创业的手脚。三是抓住"关键少数"，践行新形势下"好干部"的"五条标准"，努力造就"四铁"干部队伍，着力培养高素质和专业化，以容错纠错机制激励广大干部新时代新担当新作为，不断提高干部的"政治判断力、政治领悟力、政治执行力"。

（四）以党的作风建设、纪律建设和反腐败斗争丰富自我革命的有效途径

党的作风建设、纪律建设与反腐败斗争共同作用于净化党的肌体、纯洁党的队伍。作风建设是党的建设的永恒主题，关系到党的形象、威望和发展大业的兴衰成败；纪律建设是全面从严治党的治本之策，纪律严明是党的优良传统和优势力量所在；"腐败是危害党的生命力和战斗力的最

大毒瘤，反腐败是最彻底的自我革命"①，反腐倡廉是党的建设的基本任务。实现自我革命，既要靠各级党组织严格要求、严格教育、严格管理、严格监督，又要靠广大党员干部自觉行动，主动检视自我，清扫身上的政治灰尘，不断增强政治免疫力。在作风建设方面，一方面要自上而下加固中央八项规定的堤坝，锲而不舍整治"四风"；另一方面"不能关起门来搞自我革命，而要多听听人民群众意见，自觉接受人民群众监督"②，抓紧解决人民群众反映强烈的各种突出问题。在纪律建设方面，"打铁必须自身硬"，否则自我革命就会成为空谈，要坚持激浊和扬清两手抓，抓早抓小、驰而不息正风肃纪，构建权力监督和执纪执法的良性运行机制。反腐败斗争是自我革命的重要抓手，持续保持反腐败政治定力和高压态势，一查到底、决不姑息，一体推进不敢腐、不能腐、不想腐的战略目标。

在坚持以上四个原则的基础之上，党的制度建设贯穿始终，要"完善党的自我革命制度规范体系"③。一方面，要健全完善党的建设制度体系，坚持以科学的理论为指导，以党章为根本，以党内法规为支撑，以健全民主集中制为重点，以改革创新为动力之源，整体推进制度建设。另一方面，制度治党的关键还在于执行，要统筹推进依法治国和依规治党的衔接和协调，坚持制度面前人人平等，狠抓制度落实，确保广大党员干部尊崇制度、遵守制度、捍卫制度，真正使制度成为硬约束，为党的自我革命提供法治保障。

"我们党之所以伟大，不在于不犯错误，而在于从不讳疾忌医，敢于直面问题，勇于自我革命。"④习近平总书记强调指出："越是长期执政，越不能丢掉马克思主义政党的本色，越不能忘记党的初心使命，越不能丧失自我革命精神。"⑤因此，唯有继续将党的自我革命推向深入，把

①　《习近平在中国共产党第二十次全国代表大会上的报告》，新华网，2022年10月25日。
②　《习近平谈治国理政》第三卷，北京：外文出版社，2020年，第533、529页。
③　《习近平在中国共产党第二十次全国代表大会上的报告》，新华网，2022年10月25日。
④　《习近平谈治国理政》第四卷，北京：外文出版社，2022年，第542页。
⑤　《习近平谈治国理政》第三卷，北京：外文出版社，2020年，第533、529页。

党建设得更加坚强有力，才能确保党在新时代坚持和发展中国特色社会主义的历史进程中始终成为坚强的领导核心，才能永葆党的生机与活力。

（作者单位：中共珠海市委党校）

浅论习近平新时代中国特色
社会主义思想的哲学意蕴

◇ 周子善

　　习近平总书记在党的二十大报告中指出："不断谱写马克思主义中国化时代化新篇章，是当代中国共产党人的庄严历史责任。继续推进实践基础上的理论创新，首先要把握好新时代中国特色社会主义思想的世界观和方法论，坚持好、运用好贯穿其中的立场观点方法。"[①]强调必须坚持人民至上、自信自立、守正创新、问题导向、系统观念、胸怀天下。这一论断既集中概括了习近平新时代中国特色社会主义思想对马克思主义基本原理的原创性贡献，又是继续推进实践基础上的理论创新必须始终坚持的基本出发点和哲学原则。"六个必须坚持"既集中体现了习近平新时代中国特色社会主义思想的世界观和方法论，也深刻揭示了贯穿其中的立场观点方法，是世界观和方法论的高度统一，也是立场观点和方法的高度统一，"六个必须坚持"为在新时代伟大实践中不断开辟马克思主义中国化时代化新境界提供了根本遵循，彰显了鲜明的哲学意蕴。

　　哲学是理论化系统化的世界观，是具体知识的概括和总结。马克思说："任何真正的哲学都是自己时代的精神上的精华。"习近平总书记指出："马克思主义哲学深刻揭示了客观世界特别是人类社会发展一般规律，在当今时代依然有着强大生命力，依然是指导我们共产党人前进的强大思想武器。"[②]马克思主义并没有终结真理，而是开辟了通往真理的

---

① 《习近平在中国共产党第二十次全国代表大会上的报告》，新华网，2022年10月25日。
② 《习近平：推动全党学习和掌握历史唯物主义》，新华网，2013年12月4日。

道路，"马克思的整个世界观不是教义，而是方法，它提供的不是现成的教条，而是进一步研究的出发点和供这种研究使用的方法"。马克思主义哲学即辩证唯物主义和历史唯物主义，集中体现了马克思主义立场观点方法，是科学的世界观和方法论，是我们科学认识世界和改造世界的根本观点、思想方法和工作方法。

习近平新时代中国特色社会主义思想是马克思主义中国化时代化的最新理论成果，坚守了马克思主义辩证唯物主义和历史唯物主义，充分体现了马克思主义哲学的本体论、认识论和方法论的思想原则，即坚持实事求是的辩证唯物论、坚持全面分析的唯物辩证法、坚持实践基础上的理论创新的认识论，坚持群众史观和大历史观的历史唯物主义，同时又根据时代和实践的发展，用马克思主义之"矢"去射新时代中国之"的"，在新时代伟大实践中实现"两个结合"，进一步丰富和发展了马克思主义哲学，集中体现在世界之变、时代之变、历史之变中创新回答了中国之问、世界之问、人民之问、时代之问，体现在以全新的视野深化对三大规律的认识中概括出"六个必须坚持"的世界观和方法论以及贯彻其中的立场观点方法，彰显了理论与实践、世界观与方法论的有机统一，为党和国家事业取得历史性成就、发生历史性变革、产生历史性影响，为推进中国特色社会主义事业提供了哲学精华。

一、必须坚持人民至上

人民至上是根本的价值导向和政治立场。习近平总书记指出"马克思主义是人民的理论，第一次创立了人民实现自身解放的思想体系"[1]，马克思主义博大精深，但归根到底就是一句话，为人类求解放。《共产党宣言》指出："无产阶级的运动是绝大多数人的运动，是为绝大多数人谋利益的运动。"[2]无产阶级只有解放了全人类，才能最终解放自身，表明无

---

① 《习近平在纪念马克思诞辰200周年上的讲话》，人民网，2018年5月5日。
② 马克思、恩格斯：《共产党宣言》，长沙：湖南人民出版社，2021年。

产阶级解放和人类解放的一致性。人民群众就是历史的绝大多数，是历史的主体，是历史的创造者，是社会历史变革的决定性力量，这是唯物史观的基本原理和观点。正如毛泽东同志所说："为什么人的问题，是一个根本的问题，原则的问题"，"这个根本的问题不解决，其它许多问题也就不易解决"。①"为什么人的问题"是检验一个政党、一个政权性质的试金石，是政党的根本政治信仰问题，政党的不同政治信仰最终是由其不同的世界观与价值观所决定的。中国共产党是马克思主义武装起来的政党，党依据历史唯物主义基本原理，形成了党的群众路线和执政为民的理念。正如党的二十大报告所指出，"人民性是马克思主义的本质属性"，是马克思主义最鲜明的品格，脱离人民的理论是苍白无力的，不为人民造福的理论是没有生命力的。"人民立场是中国共产党的根本政治立场，是马克思主义政党区别于其他政党的显著标志。""党的理论是来自人民、为了人民、造福人民的理论，人民的创造性实践是理论创新的不竭源泉。"②

习近平新时代中国特色社会主义思想坚持人民至上的立场观点方法，在理论上丰富发展和深化了历史唯物主义的基本原理，即把人民当作目的，一切为了人民；把人民当作主体，一切依靠人民；把人民当作尺度，坚持人民至上；把人民当作根基，牢牢扎根人民，从理论上回答了"我是谁、为了谁、依靠谁"的问题。在实践上，落实人民至上的理念，提出"坚持以人民为中心的发展思想"，紧紧抓住人民最关心最直接最现实的利益问题，"坚持全心全意为人民服务的根本宗旨，树牢群众观点，贯彻群众路线，尊重人民首创精神，坚持一切为了人民、一切依靠人民，从群众中来、到群众中去，始终保持同人民群众的血肉联系，始终接受人民批评和监督，始终同人民同呼吸、共命运、心连心"。把人民放在心中最高的位置，以"我将无我，不负人民"的高尚情怀和使命担当，践行"江山就是人民，人民就是江山""人民对于美好生活的向往就是我们的奋斗目标"的价值导向和政治立场，要求全党"站稳人民立场、把握人民愿望、

---

① 《毛泽东选集》第三卷，北京：人民出版社，1991年，第857、858页。
② 《习近平在中国共产党第二十次全国代表大会上的报告》，新华网，2022年10月25日。

尊重人民创造、集中人民智慧，形成为人民所喜爱、所认同、所拥有的理论，使之成为指导人民认识世界和改造世界的强大思想武器"。①

二、必须坚持自信自立

自信自立是内在的精神气质和本质特征。习近平总书记指出："马克思主义是科学的理论，创造性的揭示了人类社会发展规律。"②自信自立揭示了马克思主义科学性的本质特征，是这一思想的基本立足点，体现了马克思主义独有的精神气质。唯物史观揭示历史发展的根本动力是社会基本矛盾，不同民族在不同历史发展阶段有自己的发展道路，而非线性的统一模式，习近平总书记说"无论时代如何变迁、科学如何进步，马克思主义依然显示出科学思想的伟力，依然占据着真理和道义的制高点"，这是自信的理论根据。自信自立实质上就是坚持一切从实际出发，把尊重客观规律性与发挥主观能动性有机结合起来，坚持独立自主，走自己的路，习近平总书记指出，"当代中国的伟大社会变革，不是简单延续我国历史文化的母版，不是简单套用马克思主义经典作家设想的模板，不是其他国家社会主义实践的再版，也不是国外现代化发展的翻版"③，这是自立的实践基础。自信自立作为一个整体，更加全面反映出习近平新时代中国特色社会主义思想在理论与实践、国内与国际、传统与现代等方面的历史自觉和历史主动。

习近平新时代中国特色社会主义思想创立和发展的过程，始终贯穿着坚持独立自主，走自己的路的坚定决心和信心。独立自主既是中华民族的精神品质，也是中国共产党立党立国的重要原则，习近平总书记指出："人类历史上，没有一个民族、没有一个国家可以通过依赖外部力量、跟在他人后面亦步亦趋实现强大和振兴。那样做的结果，不是必然遭遇失

---

① 《习近平在中国共产党第二十次全国代表大会上的报告》，新华网，2022年10月25日。
② 《习近平在纪念马克思诞辰200周年上的讲话》，人民网，2018年5月5日。
③ 《习近平在哲学社会科学工作座谈会上的讲话》，人民网，2016年5月17日。

败，就是必然成为他人的附庸。"①强调要全面掌握辩证唯物主义和历史唯物主义的世界观和方法论，坚持"中国的问题必须从中国基本国情出发，由中国人自己来解答"，坚持把共产主义远大理想同中国特色社会主义共同理想统一起来、同我们正在做的事情统一起来，坚守共产党人的理想信念，"坚定道路自信、理论自信、制度自信、文化自信"，坚定历史自信和自觉、增强历史主动。任何时候任何情况下都要有定力、有主见，不信邪、不怕鬼、不怕压，"以更加积极的历史担当和创造精神为发展马克思主义作出新的贡献，既不能刻舟求剑、封闭僵化，也不能照抄照搬、食洋不化"。②

三、必须坚持守正创新

守正创新是鲜明的理论品格和思想方法。马克思主义是不断发展的开放的理论，始终站在时代前沿，既不断吸收人类历史上一切优秀文明成果而丰富自己，又不断探索时代发展提出的新课题，回应人类社会面临的新挑战。恩格斯说："我们的理论是发展着的理论，而不是必须背得烂熟并机械地加以重复的教条。"③守正创新是对马克思主义的"变"与"不变"、继承与发展、原则性与创新性、开放性与发展性的辩证统一和思想升华。守正就是坚持用马克思主义观察时代、解读时代、引领时代。就是要"坚持马克思主义基本原理不动摇，坚持党的全面领导不动摇，坚持中国特色社会主义不动摇"，坚持马克思主义的立场、观点、方法、方向、原则、道路，高扬正确旗帜，确保不走改旗易帜的邪路。创新就是用鲜活丰富的当代中国实践来推动马克思主义发展，创新是哲学社会科学发展的永恒主题，我们不能紧紧满足于对原有理论的注释，更不能用脱离时代的

---

① 《习近平在纪念毛泽东同志诞辰120周年座谈会上的讲话》，人民网，2013年12月26日。
② 《习近平在中国共产党第二十次全国代表大会上的报告》，新华网，2022年10月25日。
③ 《马克思恩格斯选集》第四卷，北京：人民出版社，1995年，第681页。

教条主义话语来裁剪现实，要为国际国内必然和可能遇到的各种新矛盾新问题提供新的理论供给，多层次进行理论创新，坚持与时俱进，立破并举，推进改革创新，敢于突破陈规，说前人没有说过的话，干前人没有干过的事，确保不走封闭僵化的老路。

守正创新是马克思主义世界观方法论在思想方法方面的升华，是把坚持马克思主义和发展马克思主义统一起来，也是习近平新时代中国特色社会主义思想的显著标识。守正创新是习近平新时代中国特色社会主义思想对解放思想、实事求是、与时俱进、求真务实的思想方法和工作方法的运用，与马克思主义及其中国化时代化的理论成果是一脉相承的关系。解放思想、实事求是与守正创新辩证统一，是实现马克思主义中国化时代化的内在机理，实事求是是守正之本，解放思想是创新之源，守正创新孕育于解放思想、实事求是之中。党的十八大以来，以习近平同志为主要代表的中国共产党人，坚持把马克思主义与中国实际相结合、与中华优秀传统文化相结合，创立了习近平新时代中国特色社会主义思想，实现了马克思主义中国化时代化的理论飞跃，在"两个结合"的过程中，既坚持了老祖宗的传统，坚持了马克思列宁主义，传承了中华优秀传统文化的根和脉，又紧跟时代步伐，顺应时代发展，讲了许多新话，以新的理论指导新的实践，彰显了守正创新的理论品质，也深化了对马克思主义中国化时代化规律性的认识。以"两个结合"为主要内容的守正创新，构成了实现马克思主义中国化时代化新飞跃的内在逻辑。正是在以"两个结合"为核心的守正创新中，习近平新时代中国特色社会主义思想为丰富和发展马克思主义作出了重大原创性贡献。守正创新也是坚持和发展中国特色社会主义的科学态度，党的二十大报告指出"要以科学的态度对待科学、以真理的精神追求真理"，守正创新的科学态度就是要守马克思主义之正，创马克思主义中国化时代化之新，守科学社会主义之正，创中国特色社会主义和中国式现代化之新，守党的全面领导之正，创党的伟大自我革命之新，守中华优秀传统文化之正，创中华优秀传统文化创造性转化和创新性发展之新。

四、必须坚持问题导向

问题导向是理论的源头活水和根本任务。习近平总书记指出："马克思主义是实践的理论，指引人民改造世界的行动。"①实践性是马克思主义区别于其他理论的显著特征，马克思说"哲学家们只是用不同的方式解释世界，而问题在于改变世界"，马克思主义正是在解决人类发展面临的时代课题中创立和发展的。问题导向揭示了马克思主义实践性的本质特征，体现了马克思主义彻底的理论品格。二十大报告指出："问题是时代的声音，回答并指导解决问题是理论的根本任务。"②问题是创新的起点，也是创新的动力源，理论创新只能从问题开始，从某种意义上说，理论创新就是发现问题、筛选问题、研究问题、解决问题的过程。毛泽东同志曾经说过："问题就是事物的矛盾。哪里有没有解决的矛盾，哪里就有问题。"③抓问题就是抓分析矛盾和解决矛盾，抓住了主要矛盾和矛盾的主要方面就找到了实践前进的突破点，也就自然找到了理论创新的生发点。"只有用马克思主义观点来研究实际问题、能解决实际问题的，才算实际的理论家。"④在回答时代和实践发展提出的重大问题中进行理论创新，是马克思主义发展史的一条基本经验，"真正的马克思主义"都必须是能够解决实际问题的。习近平总书记指出，历史总是在不断解决问题中前进的，我们党领导人民干革命、搞建设、抓改革，从来都是为了解决中国的现实问题。

习近平新时代中国特色社会主义思想创立和发展过程中，始终贯穿着鲜明的问题意识、问题导向，彰显了其突出特点和鲜明风格。习近平总书记指出："每个时代总有属于它自己的问题，只要科学地认识、准确地把握、正确地解决这些问题，就能够把我们的社会不断推向前进。"他强

---

① 《习近平在纪念马克思诞辰200周年上的讲话》，人民网，2018年5月5日。
② 《习近平在中国共产党第二十次全国代表大会上的报告》，新华网，2022年10月25日。
③ 《毛泽东选集》第三卷，北京：人民出版社，1991年，第839页。
④ 《毛泽东文集》第二卷，北京：人民出版社，1993年，第374页。

调："要有强烈的问题意识，以重大问题为导向，抓住关键问题进一步研究思考，着力推动解决我国发展面临的一系列突出矛盾和问题。"①习近平新时代中国特色社会主义思想是在科学地认识、准确地把握、正确地解决新时代党和国家事业发展的一系列重大问题中创立并不断丰富发展的，集中围绕解决"新时代坚持和发展什么样的中国特色社会主义、怎样坚持和发展中国特色社会主义，建设什么样的社会主义现代化强国、怎样建设社会主义现代化强国，建设什么样的长期执政的马克思主义政党、怎样建设长期执政的马克思主义政党"等三大时代课题，聚焦回答"实践遇到的新问题、改革发展稳定存在的深层次问题、人民群众急难愁盼问题、国际变局中的重大问题、党的建设面临的突出问题"等五类根本问题，不断提出真正解决问题的新理念新思路新办法。可以说，习近平新时代中国特色社会主义思想正是在坚持问题导向，解决新时代中国改革开放和社会主义现代化建设的实际问题中，不断回答中国之问、世界之问、人民之问、时代之问，归结起来说就是坚持问题导向回答好如何"为中国人民谋幸福、为中华民族谋复兴、为世界谋大同、为马克思主义谋生机、为中国共产党谋强大"等五大根本命运性问题中创立和发展的。习近平总书记指出："时代是出卷人，我们是答卷人，人民是阅卷人。"②今天我们所面临问题前所未有，世所罕见，更需要我们增强问题意识，敏于发现问题、敢于正视问题、善于解决问题，不断开创事业发展的新局面。

五、必须坚持系统观念

系统观念是基本的工作方法和思维方法。马克思主义唯物辩证法是认识世界和改造世界的根本方法，强调事物是普遍联系和永恒发展的，揭

---

① 《习近平：关于〈中共中央关于全面深化改革若干重大问题的决定〉的说明》，人民网，2013年11月8日。

② 习近平：《以时不我待只争朝夕的精神投入工作　开创新时代中国特色社会主义事业新局面》，人民网，2018年1月6日。

示对立统一规律、质量互变规律、否定之否定规律是事物发展的动力和源泉、形式和状态、方向和道路的原理，指出整体与部分、形式与内容、现象与本质、原因与结果、偶然与必然、可能与现实等基本范畴是普遍联系和永恒发展的基本环节，厘清辩证思维方法和现代科学思维方法的内在联系，具有强大的方法论功能和意义。系统观念是唯物辩证法的重要认识论和方法论，揭示了马克思主义辩证性的重要内容，体现了马克思主义辩证思维方法和现代科学思维方法的统一，是对马克思主义唯物辩证法的具体运用和重大发展，是具有基础性的思想和工作方法。党的二十大报告指出"万事万物是相互联系、相互依存的"。坚持系统观念，就是要"用普遍联系的、全面系统的、发展变化的观点观察事物"，从整体性全面系统把握事物的全局。正如列宁指出的："社会生活现象极其复杂，可以找到任何数量的例子或个别的材料来证实任何一个论点。"[①]但"如果不是从整体上、不是从联系中去掌握事实，如果事实是零碎的和随意挑出来的，那么它们就只能是一种儿戏，或者连儿戏也不如"。[②]邓小平同志也曾说过："有些事从局部看可行，从大局看不可行；有些事从局部看不可行，从大局看可行。归根到底要顾全大局。"[③]因此要坚持系统观念，整体性思维，全局性谋划，处理好局部与全局、当前与长远、重点与非重点、宏观和微观、机遇与挑战、特殊和一般、目标与手段、主要矛盾和次要矛盾等辩证关系，才能真正把握事物发展规律。

习近平新时代中国特色社会主义思想的"十个明确""十四个坚持""十三个方面的成就"充分体现了系统观念的运用。党的十八大以来，面对世界百年未有之大变局和中华民族伟大复兴的战略全局，面对两个百年的奋斗目标，习近平总书记坚持系统观念，高瞻远瞩，统揽伟大斗争、伟大工程、伟大事业、伟大梦想，统筹推进"五位一体"总体布局、协调推进"四个全面"战略布局，对党和国家事业发展作出了系统谋划和

① 《列宁选集》第二卷，北京：人民出版社，1995年，第578页。

② 《列宁全集》第二十八卷，北京：人民出版社，1990年，第364页。

③ 《邓小平文选》第二卷，北京：人民出版社，1994年，第82页。

战略擘画，在领导推进各领域事业的过程中，习近平总书记始终坚持系统思维、全局谋划、整体推进和重点突破，强调经济社会发展是一个系统工程，要统筹好国际和国内、统筹发展和安全，指出"我国是一个发展中大国，仍处于社会主义初级阶段，正在经历广泛而深刻的社会变革，推进改革发展、调整利益关系往往牵一发而动全身"，要求我们要善于通过历史看现实、透过现象看本质，把握好全局和局部、当前和长远、宏观和微观、主要矛盾和次要矛盾、特殊和一般的关系，坚持和运用系统观念处理好各方面关系、统筹好各方面利益、调动好各方面积极性，不断提高战略思维、历史思维、辩证思维、系统思维、创新思维、法治思维、底线思维能力，为前瞻性思考、全局性谋划、整体性推进党和国家各项事业提供科学思想方法和工作方法。

六、必须坚持胸怀天下

胸怀天下是特有的胸襟气魄和视野格局。胸怀天下揭示了马克思主义天下观的重要思想，是这一思想的博大情怀和宏伟格局，体现了马克思主义博大的思想情怀，是马克思主义实现每一个人自由而全面的发展的中国式表达，是共产主义理想的时代呈现和忠诚践履。二十大报告指出："中国共产党是为中国人民谋幸福、为中华民族谋复兴的党，也是为人类谋进步、为世界谋大同的党。"①大道之行，天下为公。中国共产党的百年奋斗历程，始终具有世界视野和天下胸怀，关注人类前途命运，从人类发展的历史洪流中、世界变化格局趋势中、中国发展历史传承中，站在历史正确的一边，站在人类文明进步的一边，来认识和处理同外部世界的关系，始终倡导以"文明交流超越文明隔阂，文明互鉴超越文明冲突，文明共存超越文明优越"，为世界发展和人类进步事业作出了重要贡献。

进入新时代，面对世界之变、时代之变、历史之变正以前所未有的

---

① 《习近平在中国共产党第二十次全国代表大会上的报告》，新华网，2022年10月25日。

方式展开，世界面临着和平赤字、发展赤字、安全赤字、治理赤字四大难题，习近平总书记以大国领袖世界担当精神，从人类前途命运出发，发出"世界怎么了？我们怎么办？"的世界之问，提出构建人类命运共同体的中国方案，推动建设"一带一路"，提出全球发展和全球安全倡议，阐明了尊重世界多样的世界观、国家平等的国家观、文明互鉴的文明观，提出了包容、普惠、共建、共赢、共享的发展观、义利观、安全观、治理观，弘扬"和平、发展、公平、正义、民主、自由"的全人类共同价值，提出以中国式现代化开启人类文明新形态，描绘了"建设持久和平、普遍安全、共同繁荣、开放包容、清洁美丽的世界"的美好愿景，这些重要倡议和主张，进一步拓展了中国共产党人的"世界眼光，深刻洞察人类发展进步潮流，积极回应各国人民普遍关切，为解决人类面临的共同问题"贡献了中国智慧和中国方案，体现习近平新时代中国特色社会主义思想的开阔视野和价值情怀，为中国共产党"以海纳百川的宽阔胸襟借鉴吸收人类一切优秀文明成果，推动建设更加美好的世界"提供理论指导。

"六个必须坚持"是中国共产党从哲学高度深刻阐述的推进理论创新的方法路径，深刻揭示了理论创新的根本的政治立场、正确的价值导向、彻底的理论品格、独有的精神气质、科学的思想方法。"六个必须坚持"是相互联系、互为支撑的有机整体，理论的任务是坚持问题导向、根本的立场是坚持人民至上、科学的态度是坚持守正创新、思想的方法是坚持系统观念、世界的眼观是坚持胸怀天下、立足的基点是坚持自信自立，"六个必须坚持"内在统一于我们党对马克思主义世界观方法论的根脉传承和创新发展，统一于坚持和发展马克思主义"两个结合"的智慧结晶。

实践发展永无止境，理论创新也永无止境。"六个必须坚持"从哲学高度揭示了"中国共产党为什么能，中国特色社会主义为什么好，归根到底是马克思主义行，是中国化时代化的马克思主义行"。新征程上，我们要用好"六个必须坚持"这把"金钥匙"，坚持好、运用好贯穿其中的立场观点方法，深入领会党的创新理论的道理学理哲理，在新时代伟大实践中不断谱写马克思主义中国化时代化新篇章。

（作者单位：北京理工大学珠海学院）

解决大党独有难题的实践路径与中国智慧

◇ 刘彦昌

党的二十大提出"必须时刻保持解决大党独有难题的清醒和坚定"。这既是对全党的提醒与号召，也是对党的十八大以来解决大党独有难题实践的总结和肯定。伴随着中华民族伟大复兴进入"冲刺期"，党面临的难题会更集中、更突出、更复杂。鉴于"战斗正未有穷期"，深入领会这一提醒和号召的精神内涵，总结十八大以来中国共产党解决大党独有难题的成功经验，把严治决心、举措力度与科学精神紧密结合，对于凝聚解决难题的共识，发掘解决难题的智慧，完成中国共产党在新时代的历史使命，实现中华民族伟大复兴意义重大。

一、从"大党独有"的视角审视党建难题

党的十八大以来，习近平总书记一再强调："我们党是世界上最大的政党，大就要有大的样子，同时大也有大的难处。把这么大的一个党管好很不容易，把这么大的一个党建设成为坚强的马克思主义执政党更不容易。"这是明确告诉全党，新时代中国共产党的规模、地位，党的抱负、情怀、能量、担当、作为等都是独有的，同时面临的难处也是独有的。这种认知体现了中国共产党的清醒和高度，为解决大党独有难题奠定了基础。

认识难题的新高度。明确"大党独有"，体现了中国共产党对自身认识的敏锐、客观和新境界，而且这种新认识随着党自身和党的事业的发展

正在不断加深。党大，党员数量多，组织覆盖广，这是党的事业兴旺发达的基础，是党的优势。正如毛泽东在《论十大关系》里所说那样，"对于革命来说，总是多一点人好"。但这种优势需要在准确认识和有效解决党面临的各种难题中体现和保持。只有这样，才能使党既大又强，"真正成为世界上最强大的一个政党"，才能"永远年轻"。从"大党独有"的视角审视，中国共产党当今面临的难题遍布在党的基本建设、执政党建设、能力建设等方面。其中较突出的是新时代的世界最大政党的建设、应对长期执政考验、履行大党引领社会发展的担当等多层独有难题的叠加，而且从发展的眼光看每层次的难题都在日趋复杂。解决这些难题的思路和举措当然也是独有的，没有现成的成功经验可借鉴，必须以奋勇开拓的精神，大胆创新。

"大也有大的难处"。这个"难"对长期执政的中国共产党更非同寻常，除了大党产生问题的可能性大、问题本身的层次高、问题的后果严重等，还另有其难。仅以党员的规模数量为例，就和扩大党的队伍、壮大党的力量时有很大差别。当党员占比临近或达到这种比值的临界点后，其管理的难度、花费的代价会大幅增加，管理的能耗就可能高于其给党带来的能量。中央组织部2022年6月29日发布党内统计数据，截至2021年底，中国共产党党员总数为9671.2万名，比上年增加3.7%，比党的十八大召开时增加15.9%。[①]党员在成年人中占比接近10%，这在世界上绝对是独有的。这当然是我们的独特优势。但同时也应该看到，在长期执政的环境下，党员的分布明显向机关事业单位集聚，不少党政机关的党员占比甚至高达90%以上。这使不少党员的对比荣誉感下降，党员意识不强，导致向下看的攀比心理。从全党整体看，这种懈怠状态会横向蔓延、纵向传导，对党员先进性的保持构成困难，进而也会对党内和社会的政治生态产生消极影响。

叠加的风险与考验。进入新时代后，党中央反复提醒和强调要深刻认识"党面临的执政考验、改革开放考验、市场经济考验、外部环境考验将

---

① 《中国共产党党内统计公报》，新华网，2022年6月29日。

长期存在，精神懈怠危险、能力不足危险、脱离群众危险、消极腐败危险将长期存在"。且不说这四大考验和四种风险是叠加的，单说长期执政的考验加消极腐败危险这一组合，已是古今中外都未能破解的难题。西方政治学理论基本判定这个问题无解。现代西方国家在无奈下另辟蹊径，不惜以牺牲效率和社会凝聚力为代价，实行多党竞争、轮流执政的方式，导致政治陷入为否定而否定，发生族群撕裂等后遗症。由于政权周期性更替，也使得政策的连续性成了问号。而共产党执政的社会主义国家，为避免这些弊端，打造社会凝聚力这个人类社会最难打造的优势，进行了共产党长期执政的探索。中国共产党作为长期执政的党，面临的是四个考验和四种风险的多重叠加，这压力、难度都是空前和独有的。要借鉴吗？只有半途而废的案例。可见要破解这个难题是如何的不易。当然，放眼当今世界，也只有中国共产党敢于面对，且有条件承担破解这个难题的历史重任。

领航中国、造福人类的大担当。中国共产党不忘初心、牢记使命，一再表明作为大党要有大党的风范和担当。这种大党担当集中体现为"为中国人民谋幸福、为中华民族谋复兴、为人类谋和平与发展"。在领航中华民族伟大复兴，建设社会主义现代化强国的同时，还要有"达则兼济天下"的大党大国情怀。中国共产党领导的中国，不走西方国家在现代化过程中损人利己、先于其他国家进入现代化后又公然强调自己优先的自私之路。在"以中国式现代化全面推进中华民族伟大复兴"的同时，还努力为全人类都实现现代化提供新的选择，为构建一个持久和平的世界，普遍安全的世界，共同繁荣的世界，开放包容的世界，清洁美丽的世界，为解决人类面临的共同问题提供更多更好的中国智慧、中国方案、中国力量，为人类和平与发展崇高事业不断作出自己的贡献！这说到底是引领人类社会发展的使命与担当，反映了中国共产党的大党情怀和政治高度。为此，中国共产党必须不断提升自己的能力和水平。这种使命与担当随着中华民族伟大复兴的步伐而更加紧迫，中国共产党肩上的担子会越来越重。面对如此重任，中共中央已经做出谋划，方向已定。而所有党员、地方以下各党组织，特别是各级领导干部都准备好了吗？

二、"动真碰硬"的决心和整体性推进

解决执政党自身存在的问题，在新中国成立后进行过多次努力，积累了丰富的正反两方面的经验。党的十八大以来，以习近平同志为核心的党中央，以"舍我其谁"的担当情怀，发扬科学的斗争精神，实现了长期执政党自身建设的理论和实践创新，找到了"全面从严治党、推进党的自我革命"这一跳出历史周期率的第二条答案。落实在具体实践上，就是力度空前抓落实，把敢于"动真碰硬"和整体性推进紧密结合，切实做到不走过场，不零打碎敲。经过不懈努力，党的自我净化、自我完善、自我革新、自我提高能力显著增强，管党治党宽松软状况得到根本扭转，风清气正的党内政治生态不断形成和发展。

严治的硬度。党的十八大后，以习近平总书记为核心的党中央，总结以往的管党治党实践，认为"认为主要倾向不是严了，而是失之于宽、失之于软"。[①]2012年12月4日，中央政治局会议审议全面从严治党开局破题的《十八届中央政治局关于改进工作作风、密切联系群众的八项规定》（暂行规定）时，习近平总书记特别提议把"暂行"二个字去掉，以表明党中央真抓、真管、真干的态度，传递党中央开弓没有回头箭，从严治党不留退路的决心。在阐述全面从严治党时，反复强调关键在严，要扎紧制度笼子，坚持责任上全链条，压力层层传导，责任环环相扣。推进依规治党，把纪律建设纳入党的建设的总体布局。根据发展变化适时修订《中国共产党纪律处分条例》等党内法规，划定党员行为的底线，使党纪成为带电的高压线；制定出台新的党内法规，消除管党治党的法规空白点，从根本上杜绝变通的可能空间。以德治党虚功实作，坚持打铁必须自身硬，开展经常性的实践教育、学习教育，绷紧管党治党这根弦。与此同时，深入开展反腐败斗争，对违纪的党员领导干部"零容忍"，惩处时毫不手软，真正做到不管哪一级，无论职务多高、功劳多大，只要违纪违法，绝不姑

---

① 习近平：《在党的群众路线教育实践活动总结大会上的讲话》，《人民日报》2014年10月9日。

息、一查到底，不开天窗、不留暗门。强调没有免罪的"丹书铁券"，也没有"铁帽子王"。

覆盖的宽度。一个是加强党的全面领导，一个是全面从严治党。两个"全面"紧密结合，相互支持，形成了管党治党全覆盖、整体性推进的新局面。在加强党的全面领导上，首先是明确三个"最"的政治定位。在领导对象、内容、过程、方法等方面都要做到全覆盖。重提"党政军民学，东南西北中，党是领导一切的"政治格言，明确"在国家治理体系的大棋局中，党中央是坐镇中军帐的'帅'，车马炮各展其长，一盘棋大局分明"。找到了实现党的全面领导的有效方式和方法。在全面从严治党上，强调"核心是加强党的领导，基础在全面"，管全党、治全党，面向全国所有党员、所有各级党组织，覆盖党的建设各个领域、各个方面、各个部门。在全覆盖的基础上，重点是抓住领导干部这个"关键少数"，实现点和面的有机统一。总之，就是不能有严治的空白点，不能有"法外之地"。提出新时代党的建设总要求，创新党的建设总体布局，强调"全面推进党的政治建设、思想建设、组织建设、作风建设、纪律建设，把制度建设贯穿其中，深入推进反腐败斗争"，在原有五大建设的基础上，新增党的政治建设、纪律建设，用"5+2"替代原有的五大建设，表明党的建设覆盖更全面了。

持续的长度。只有进行时，没有完成时。明确党面临的风险和考验是"长期存在"。所谓长期存在，是指这种风险和考验具有客观强制性，作为被考验者只能经受、应对、化解，不能回避，更不能消除。因此，明确提醒全党同志：全面从严治党永远在路上，决不能热闹一阵子完事，要防止事过之后再反弹。这就向全党和全国人民表明，全面从严治党不是一些人印象中的"政治运动"，不要幻想全面从严治党会随党的工作重点的转移而结束，会随领导人注意力的改变而淡化。不仅如此，还明确提醒全党同志，全面从严治党只会越来越严，决不能有松劲歇脚、疲劳厌战的情绪，必须持之以恒推进全面从严治党，深入推进新时代党的建设新的伟大工程。2018年，间隔仅三年就对2015年修订的《中国共产党纪律处分条例》再修订，新的纪律处分条例增加了对形式主义、官僚主义问题的处分规定，充实完善了从重加重处分的适用情形等内容。这也等于向党内外宣告，全面从严治党不仅没有"告一段落"的可能，已经成为常态，而且会随实践的需要不断增添新内容。据此，党中央高度重视党的制度建设，加大党内法规体系建设的力度，在依规治党方面下足功夫，切实完善监督、发挥制度约束力，真正形成靠制度管权、管事、管人的长效机制。

境界的高度。对有担当情怀、以引领社会发展为己任的大党，拥有这种境界的高度至关重要。党的十八大以来，在全面从严治党，解决大党独有难题的实践基础上，提出党的自我革命的新论断，二十大又把党的自我革命定位于跳出治乱兴衰历史周期律的第二个答案。这为中国共产党解决大党独有难题提供了可行之路和根本保证。这一结论的形成，既源于对十八大以来全面从严治党的实践，也是把马克思主义原理同当代中国实际和中国优秀传统文化相结合的成果。而且，勇于自我革命，是我们党最鲜明的品格，也是我们党的最大优势。自我革命的基本内涵是，要勇于坚持真理、修正错误，勇于刀刃向内、刮骨疗毒。自我革命的基本内容，一是克服各种缺点错误，比如脱离人民群众、官僚主义，贪污腐败等。这是确保执政地位的基本条件，是党的自我革命的第一层次内容和目标。二是要与时俱进，善于出新、勇于创新，养成开拓创新、干事创业的革命精神。为中国式现代化引航，为人类社会发展开辟新道路。这是大党的使命，体现党的自我革命的高境界。

三、解决大党独有难题的"中国智慧"

党的十八大以来，面对新时代大党建设的新情况、新课题，以习近平同志为核心的党中央，把马克思主义基本原理同中国具体实际相结合、同中华优秀传统文化相结合，运用辩证唯物主义和历史唯物主义，回答和攻克了许多难题，办成了许多大事要事，彰显了特有的中国智慧，积累了宝贵的精神财富。

体现在态度上：战略上藐视、战术上重视。把党在革命战争时期的战略战术原则创造性运用于新时代党的建设。采取的基本态度是，一方面强调坚定"四个自信"，通过揭示"为什么能""为什么好""为什么行"，说明我们的优势所在，展示解决大党独有难题的信心与底气，让全党和全国人民对光明前景充满希望，鼓起解决大党独有难题的勇气和动力。另一方面在破解难题的具体实践中，又高度重视，精心谋划。早在2014年习近平总书记就强调："从巩固党的执政地位的大局看问题，把抓好党建作为最大的政绩。如果我们党弱了、散了、垮了，其他政绩又有什么意义呢？"①十年来，以习近平同志为核心的党中央一直坚持党建工作和中心工作一起谋划、一起部署、一起考核，把每条战线、每个领域、每个环节的党建工作抓具体、抓深入，坚决防止"一手硬、一手软"。督促落实动真格，明确对各级各部门党组织负责人特别是党委（党组）书记的考核，首先要看抓党建的实效，对其他党员领导干部考核也增大了这方面的权重。

体现在方略上：发挥政治优势，确保行稳致远。这是中国共产党解决大党独有难题的大智慧。近代中国有探索碰壁的教训，吃过政局动荡的苦头，也有同心同德创造辉煌成就的经验。进入新时代，在民族复兴的重要关头，避免失误和干扰，确保伟大事业行稳致远就更为重要。党中央在这个问题上的策略是利用我们特有的政治优势，守住共产党执政的根基，以执政地位引领中国的发展方向，协调各种利益和矛盾，确保社会在稳定的环境下不断发展前进。为此，明确并要用好当代中国的两个最大优势。一是中国特色社会主义制度的最大优势：中国共产党领导。提出全面加强党的领导，增强"四个意识"、坚定"四个自信"、做到"两个维护"。只要坚定不移坚持党的全面领导，我们就一定能够确保全党全国拥有团结奋斗的强大政治凝聚力、发展自信心，集聚起守正创新、共克时艰的强大力量，形成风雨来袭时全体人民最可靠的主心骨。就能够防止发生颠覆性的失误。二是中国共产党的最大优势：密切联系群众。历史是人民创造的。

---

① 《习近平在党的群众路线教育实践活动总结大会上的讲话》，人民网，2014年10月9日。

中国共产党的力量，人民军队的力量，根基在人民。据此提出坚持以人民为中心的根本政治立场。坚信只要我们始终坚持人民立场、人民至上，切实守住人民的心，就一定能够不断得到人民的支持，就一定能够激发出无往而不胜的强大力量，就一定能够不断书写中华民族伟大复兴的精彩华章！

体现在布局上：坚持系统思维、整体谋划。这是当代中国特有的哲学智慧。曾在五届英国政府任职的英国前首相顾问杰夫·摩根认为，中国的系统思维在当代西方很缺乏，使西方显得相当落后与缺乏远见。杰夫·摩根的见解可谓一语中的。系统性思维是马克思主义唯物辩证法和中国优秀文化结合的精华。就是要从事物相互联系的各个方面及其结构和功能进行系统思考，在系统与要素、要素与要素、结构与层次、系统与环境之间的相互联系和作用的动态过程中把握事物，力求获得问题的最优解。党的十八大以来，党中央运用系统思维，进行整体谋划，统筹推进党和国家各项事业，根据新的实践需要，形成一系列新布局和新方略。从强调"注重改革的系统性、整体性、协同性"，进行顶层设计，到要求"树立'一盘棋'思想，把自身发展放到协同发展的大局之中"，再到提出"要胸怀两个大局"；从实施党的建设新的伟大工程，到推出党的建设总体布局，再到统筹推进伟大斗争、伟大工程、伟大事业、伟大梦想。这些都是贯彻系统性思维，加强全局性谋划、整体性推进的成功范例。

体现在举措上：底线有刚性，高标准有梯度。解决大党独有难题，必须遵循科学性原则，遵循规律。这是马克思主义政党的基本品格。针对党自身存在的问题，"深入研究探索，汲取全党智慧，坚持依规治党和以德治党相统一，坚持高标准和守底线相结合"，体现了我们党对党的建设规律、管党治党规律更深入的把握，开辟了管党治党新境界。在这一结合过程中，划定了精准的刚性底线，明确了有梯度区间的高标准。底线作为最低要求，任何党员都不能跌破这条底线，否则，必将受到党纪惩处，这是刚性。高标准作为对优秀党员和领导干部的要求，只要党员和领导干部努力上攀，是可以梯次达到和渐次提升的。通过这种分层设定标准，治党所依的"规"和"德"都更科学可行了，两者间的衔接也更合理了。这种分层要求的科学性还体现在，明确了高标准的政治道德引领属性，且可以适时调整。这种引导、拉动和鼓励性的安排，对不同对象、不同环境，要有层次的区分，适应党员政治道德水平的提升而有提升的空间。而要确保党员政治道德能够获得提升，还必须有一个基本生态环境，就是全体党员都要遵守党纪底线。优秀党员只有在广大党员都达到合格水平的基础上，才能成批涌现，高线才能进一步升高。这样再反过来拉动底线提升，党的建设就可以进入良性循环，解决大党独有难题就有了基础和保证。

体现在着力点上：发展共性，发掘个性。党的二十大报告明确"创新是第一动力"。这一论断不仅适用于科教兴国，对解决大党独有难题也同样适用。为跳出治乱兴衰历史周期率，我们党总结中外历史经验，根据自己的实践探索，为解决大党独有难题找到了两个答案。第一个是民主，让人民来监督政府。这个答案里的民主，作为人类文明的共性成果，已经成为当代世界的共同选择。如何使其既发挥监督作用，又防止陷入无序和低效，习近平总书记提出"全过程人民民主"的新概括，找到了落实人民民主的有效载体，把民主这一共性的文明成果提升到了一个新高度，带入一个新境界。这是当代中国共产党人对民主的重要发展和重大贡献，将极大提升民主的质量和水平。第二个是自我革命，实现党的"自我净化、自我完善、自我革新、自我提高"。习近平总书记强调，"勇于自我革命是我们党区别于其他政党的显著标志"，"我们党代表中国最广大人民根本利益，没有任何自己特殊的利益，这是敢于自我革命的勇气之源、底气所在"。①这一答案是对中国共产党独特个性和优势的深度发掘，是政治理论和实践的重要创新。在中国特色社会主义新时代明确这一答案，不仅找到了解决大党独有难题的又一新路，也充实了"中国智慧""中国方案"的内容。

（作者单位：珠海科技学院马克思主义学院）

---

① 习近平：《以史为鉴、开创未来　埋头苦干、勇毅前行》，《求是》2022年第1期。

党的二十大主题中的"通变"思维探析

◇ 文李黠

党的二十大报告分析了国际国内形势，提出了党的二十大的主题，回顾总结了过去五年的工作和新时代十年的伟大变革，阐述了开辟马克思主义中国化时代化新境界、中国式现代化的中国特色和本质要求等重大问题，对全面建设社会主义现代化国家、全面推进中华民族伟大复兴进行了战略谋划，对统筹推进"五位一体"总体布局、协调推进"四个全面"战略布局作出了全面部署。党的二十大报告在政治上、理论上和实践上取得一系列重大成果，之所以是一篇杰出的马克思主义纲领性文献，是因为它蕴含着丰富的"通变"思维和中国辩证法的智慧，闪耀着马克思主义哲学的光辉。而大会的主题5句话86个字，是大会精神的集中体现，是大会报告的灵魂和主旨，高度凝练地表达了党的二十大报告深邃的意蕴。

一、"通变"思维和中国辩证法

田辰山在《中国辩证法》一书中提到，作为一种中国的思维风格，"通变"（continuity through change），即变中循续，是中国辩证法发生和发展的根基，是完全独立于马克思主义所在的那个西方思想传统的传统。[1]这是植根于宇宙发生观基础之上的某些西方传统意识，导致了西方马克思主义与中国传统特色的哲学思想成分之间存在重大差异。中国人建

---

① 田辰山：《中国辩证法：从〈易经〉到马克思主义》，北京：中国人民大学出版，2016年。

构和阐释辩证唯物主义的过程中，传统"通变"式的哲学思维起了重要的作用。它为中国历届马克思主义"辩证法"提供了一个任何事物都具有一种连续性的宇宙观框架，这里并不存在西方那种具有超越性秩序的自然宇宙体系。田辰山提出中国马克思主义是在马克思主义和传统中国思想之间显示出的"第三种路径"（a third alternative）。

在古汉语中，"辩证"是一个研究术语，即所谓"辨析考证"，指的是研究文献和历史问题，根据材料进行考核、证实、比较和说明。它源于汉儒治经，多注重文字训诂，考订名物制度。英文"dialectics"（译为辩证法），以对立统一或相反相成为其核心意义，辩证法失去了训诂学风的方法论，变为表达事物之间的内在联系。事物之间既相互区别又互相依赖、互相渗透、互相转化的两体偶对性，致使任何事物内部或一切事物之间均呈现相反相成的关系。"辩证法"在中国环境中已是一种宇宙观和互系认识的方法。它提高人们对偶对矛盾体的敏感性，对彼此的既具有个体性又具相互依赖性、既相互渗透又相互转化的敏感性。

dialectics（辩证法）一词源于希腊语中表达对话艺术的词语，它是指互相让步、不断提问、直到把概念弄明白的过程。各种辩证法定义的核心内容都包括不断地质疑、积极致力于与对立知识内容交锋。辩证研究法的伟大倡导者是柏拉图，他所称的辩证法主要是指一种论证模式，其中包括通过从对方的前提中推导出不可接受的结论来反驳对方。柏拉图颂扬这种"辩证法"而贬低"辩论术"——我们称之为诡辩。辩证观念为我们理解联系提供了洞见，但是对理解因果关系并无多大益处。它提供了一种启发式的——诊断式的或者揭示性的——研究方法，但是并没有提供运用这种方法的具体技巧。诺尔曼在《论辩证法》一文中认为，辩证法旨在解决这一令人不满的二元主义，它始于意识和物质二者关系的概念，这种关系可以将二者在认识的行为中统一起来，符合每一个的独特性质，并且不会将任何一种元素简化为另一种。现代意义上，辩证法是研究对象的本质自身的矛盾，或对立统一的学说。①

中国辩证法可以追溯到《周易》，《系辞》说"日新之谓盛德，生生之谓易"，这里的"易"与"变"相关，有变化之意，是变易和不易的统一。"万象之众，息息相通。"自然世界与天地人融为一体，强调宇宙万物动态运动的过程。"通"即"贯通、变通"，蕴含着动态的延续。正如田辰山所说的任何形式的"互系"（correlativity），内含一个具体事物与其他事物互系关系上的"变"。郭沫若对于"易"字的解释最具哲学意蕴，宇宙整个是一个变化，是一个运动，所以统名之曰"易"，易者变易也。而"变化运行，在阴阳二气"，"一阴一阳谓之道"可以说是中国哲学史关于对立统一的最早描述。很多中国思想家将"辩证法"理解为"通变"，"通"贯穿着"变"来看待，是一种将世界发生的变化和发展都带入焦点的思维方式，是一种世界观和互系体认的方法，讲的是多重、复杂、变化的世界中一切事物内在和外在之间的关系和变化，是任何相互依赖事物之间的共存和互变。任何形式的辩证法，都是活的有创造性和传承性的思想并将其转化为可传达的语言的努力。辩证法实质上是力图把领悟现实（特别是社会现实）的特定无意识或潜意识模式加以系统化，或将其转化为可控的可沟通的思维范畴。

二、"通变"思维与党的二十大主题的逻辑关系

党的二十大主题不仅高度凝练、言简意赅，而且蕴含着十分丰富的政治内涵。可从以下几个方面来理解和把握。准确认识党的二十大报告中的"通变"思维和中国辩证法，不仅有重要的理论价值，更有深远的历史意义和现实价值。

习近平总书记在党的二十大报告中指出："大会的主题是：高举中国特色社会主义伟大旗帜，全面贯彻新时代中国特色社会主义思想，弘扬

---

① ［美］海尔布隆纳：《马克思主义：赞成与反对》，马林梅译，北京：东方出版社，2016年，第17页。

伟大建党精神，自信自强、守正创新，踔厉奋发、勇毅前行，为全面建设社会主义现代化国家、全面推进中华民族伟大复兴而团结奋斗。"①党的十五大首次提出大会的主题，旗帜鲜明地向党内外、国内外宣示，党在新的征程上举什么旗、走什么路、以什么样的精神状态、朝着什么样的目标继续前进。

坚持马克思主义的指导地位：关于"高举中国特色社会主义伟大旗帜，全面贯彻新时代中国特色社会主义思想"。这强调的是"旗帜"和"思想"的问题。旗帜就是方向，思想就是行动指南。伟大事业的起航需要伟大的思想，重视思想建党是中国共产党的特色和优势。当前在思想文化领域，社会割裂、风险叠加，价值取向的多元化和意识形态的多样性已经成为我国思想文化领域不容忽视的客观现实，当代中国亟需进行思想整合、价值规范和共识锻造，亟需确立马克思主义的思想旗帜来凝聚共识和力量。中国人每次面对外来文化都不是简单地将其拒之门外，而是以海纳百川的包容精神学习和吸收其中的精华，从而丰富和发展自己的民族文化。于是便出现了人类文化发展史上的奇观：佛教产生于印度而发展于中国，马克思主义诞生于欧洲而繁荣于中华大地。马克思主义科学的世界观和方法论，揭示了人类社会发展的一般规律，为人类指明了从必然王国向自由王国的飞跃。随着时代发展，马克思主义总是"被过时"正说明它从未"过时"。中国共产党对马克思主义的信仰，对社会主义和共产主义的信念，是以马克思主义的科学性为基础的。面对信仰产生发展的环境确实和信仰"非本土化"遭遇的现实，中国共产党扎根于中华优秀传统文化的沃土，努力实现中国马克思主义与中国传统文化的契合，不断推进马克思主义中国化时代化大众化，使理想信念的选择更加坚定。新时代的伟大实践充分证明，确立习近平同志党中央的核心、全党的核心地位，确立习近平新时代中国特色社会主义思想的指导地位，这是确保党的核心和指导思想长期稳定，充分发挥马克思主义政党的强大政治优势，推动中国特色社

---

① 《习近平在中国共产党第二十次全国代表大会上的报告》，新华网，2022年10月25日。

会主义行稳致远的根本之策。这里开宗明义指出我们必须坚持"通"，即坚持马克思主义基本原理，但决不能固守已有的现成结论和观点。同时，要学会"变"，即必须结合新时代的世情、国情、党情和民情，坚持以马克思主义中国化时代化最新成果为指导，以与时俱进、奋发有为的姿态，解放思想、实事求是，确保党和国家事业始终沿着共产主义远大理想和中国特色社会主义共同理想的正确方向前进。马克思主义就是中国共产党"由变转通"的思想武器。

展现共产党人的基因血脉：关于"弘扬伟大建党精神"。2021年7月1日，习近平总书记在庆祝中国共产党成立100周年大会上的讲话提到："一百年前，中国共产党的先驱们创建了中国共产党，形成了坚持真理、坚守理想，践行初心、担当使命，不怕牺牲、英勇斗争，对党忠诚、不负人民的伟大建党精神，这是中国共产党的精神之源。"[①]任何一个国家和民族文化的发展，都离不开对历史的传承，都是在既有文化传统的基础上不断变革、创新的结果。历史把国家旗帜、民族性格深深镌刻在国民心中，让人们在心灵深处产生强烈的共鸣，催生出彼此之间的自然情感，感受相互之间的担当与责任。中华民族具有悠久灿烂的历史，具有历久弥新的伟大民族精神。伟大民族精神在一代又一代中国人的奋斗实践中继承发扬，伟大建党精神书写了伟大民族精神的崭新篇章。人是"通变"之延续的关键，中国共产党人在从一个百年历程迈向新的百年历程中不仅需要"通变"，而且需要"变通"。伟大事业孕育伟大精神，伟大精神引领伟大事业。伟大建党精神深深融入我们党、国家、民族、人民的血脉之中，集中体现了中国共产党的根本宗旨和精神特质，为伟大民族精神注入了新的内涵，丰富了中华民族的精神宝库。中国共产党的历史就是我们党围绕中国社会主要矛盾变化不断践行"通变"思维的发展史。中国共产党的创建发展与伟大建党精神的形成过程协同促成、同向同行，是随着不同的革命实践、不同的发展环境之变而变。当前，世界百年未有之大变局加速演

---

① 《习近平在庆祝中国共产党成立100周年大会上的讲话》，人民网，2021年7月16日。

进，中华民族伟大复兴进入关键时期，我们面临的风险考验只会越来越复杂，甚至会遇到难以想象的惊涛骇浪。中国共产党只有把马克思主义基本原理用于实践，同中国具体实际相结合、同中华优秀传统文化相结合，就是主张"通变"，既坚持理论原则，又坚持"变通"，灵活把握事物发展态势，保持事物发展的和谐状态，才能赢得主动、求得发展。

保持积极主动的精神状态：关于"自信自强、守正创新，踔厉奋发、勇毅前行"。这强调的是精神状态的问题，所谓"生生之谓易"是相反相成互动作用意义上的更生创新。今天，我们比历史上任何时期都更接近、更有信心和能力实现中华民族伟大复兴的目标。但是，必须清醒认识到，中华民族伟大复兴绝不是轻轻松松、敲锣打鼓就能实现的，前进道路上必然存在可以预料和难以预料的各种风险挑战，全党必须准备付出更为艰巨、更为艰苦的努力。田辰山在总结"通变"的四个至关紧要意义时表示任何事物之间存在着联系性的宇宙观，不包含西方那些超越、秩序、抽象等绝对概念原则的宇宙观，特别强调阴阳之间的相反相成的互动关系永远驱动宇宙中的一切事物处于恒常的变化运动状态。马克思指出："全部社会生活在本质上是实践的。"①要改变这个世界，首先必须理解自己面对的现实和环境。凡是把理论引向神秘主义的神秘东西，都能在人和社会实践中以及对这种实践的理解中得到合理的解决。马克思说得很清楚，共产主义只能意味着人的个体和类之间的斗争的真正解决。因此，共产主义的历史内涵，就在于人的群与己之对立的消弭和实效，是群与己之界限的拆除，是群与己之间彼此的相互成就。党的二十大是在我们党成功走过百年奋斗历程、又踏上新的赶考之路的关键时刻召开的一次重要会议。党的二十大报告强调面对严峻复杂的国际形势和接踵而至的巨大风险挑战，抗疫情、反贫困、建小康、战洪峰、化危机、应变局，这些都是"变"，是差异性意义上的变化。而中国共产党以自强不息、奋发有为的精神风貌和守正创新、锐意进取的奋斗姿态把新时

---

①　恩格斯：《路德维希·费尔巴哈和德国古典哲学的终结》，北京：人民出版社，1997年，第54页。

代中国特色社会主义不断推向前进，这是"通"，是连续性意义上的发展，正所谓"通变之谓事"。正是因为始终保持主动的精神状态、顽强的斗争精神、坚韧的奋斗意志，才有今天新时代的历史性成就和历史性变革。

确定全党全国人民的奋斗目标：关于"为全面建设社会主义现代化国家、全面推进中华民族伟大复兴而团结奋斗"。这强调的是奋斗目标的问题，这是共产党人实践层面的价值指向。实践性是马克思主义理论区别于其他理论的关键，马克思主义理论最大的特点是理论与实践相结合，理论要解决社会实际问题，恩格斯说："一个知道自己的目的，也知道怎样达到这个目的的政党，一个真正想达到这目的并且具有达到这个目的所必不可缺的顽强精神的政党——这样的政党将是不可战胜的。"①中国辩证法"通变"思维既看到阴阳等矛盾时事物发展变化的根本法则，又特别强调矛盾的统一、协调，把追求世界大同、社会和谐、事物统一作为目的。"通变"其中重要方面是理论、实践通过应用的相通，即用马克思主义的立场和观点指导中国革命和建设，马克思主义必须和我国具体特点相结合。任何思想观念特别是理想信念的形成仅仅靠说教是不能够解决的，还必须与实践相结合，必须通过亲自的主观体验和行为实践，才能最终形成坚定的理想信念。中国共产党从成立之日起，就坚持把为中国人民谋幸福、为中华民族谋复兴作为初心使命，始终保持健康向上的主基调和正能量，团结带领中国人民为创造自己的美好生活进行了长期艰辛努力，从而为党的奋斗目标赢得了人心和道义。马克思在《关于费尔巴哈的提纲》最后一条说："哲学家们只是用不同的方式解释世界，问题在于改变世界。"②在马克思那里，哲学不再是哲学家书房里的思辨游戏，而是变成了对人的存在的自我展现及其完成本身的反思形式或把握方式。马克思坚信一种信念的意义和真实性在于表现它的实践中。在"知行合一"问题上，从朱熹、王阳明、王夫之、孙中山到毛泽东都是一脉相承的。毛泽东

---

① 《马克思恩格斯全集》第三十九卷，北京：人民出版社，1974年，第139页。
② 《马克思恩格斯选集》第一卷，北京：人民出版社，2012年，第136页。

在《实践论》中强调"行"构成"知"的来源、动力、标准和目的，并指出"检验真理的唯一标准是实践""哲学的研究不是为着满足好奇心，而是为改造世界"。毛泽东对于实践的强调既是中国传统文化"通变"的体现，也是马克思的实践唯物主义的内在要求。

三、小结

党的二十大是在全党全国各族人民迈上全面建设社会主义现代化国家新征程、向第二个百年奋斗目标进军的关键时刻召开的一次十分重要的大会，必将在中国和世界历史上留下浓墨重彩的画笔。党的二十大报告的主题是以习近平同志为核心的党中央自觉运用马克思主义的基本原理和方法，蕴含着丰富的中国辩证法"通变"思维，是中国共产党和国家在统筹中华民族伟大复兴战略全局和世界百年未有之大变局中，"变"中寻"通"、由"变"转"通"，主动应变局、育新机、开新局，代表了马克思主义中国化时代化大众化的最新成果，不仅关系中国未来一个时期的改革发展，也将对世界和平与发展产生广泛而深远的影响。

（作者单位：暨南大学）

中国式现代化新道路生态向度的生成逻辑

——学习贯彻党的二十大精神

◇ 刘春蓉

　　党的二十大报告指出，"新时代新征程中国共产党的中心任务是团结带领全国各族人民全面建成社会主义现代化强国，以中国式现代化全面推进中华民族伟大复兴"。新时代党的使命任务凸显了"中国式现代化"新道路。相较于曾凭先发的地位优越感和较强的"溢出示范效应"而在世界范围内占据强势话语权的西方资本主义现代化而言，中国式现代化有着其独特的优势，这些优势蕴藏在"基于自己国情的中国特色"中，也体现在中国式现代化的本质要求中。"人与自然和谐共生"在中国式现代化的特征和本质要求中，均有着浓墨重彩的一笔。习近平总书记在党的二十大报告的第十部分还着重强调"要推动绿色发展，促进人与自然和谐共生"。习近平总书记还分别于2020年和2022年先后提出"我们搞的现代化是人与自然和谐共生的现代化"[①]和"我国建设社会主义现代化具有许多重要特征，其中之一就是我国现代化是人与自然和谐共生的现代化"。[②]足见中国式现代化新道路的生态向度非常清晰。中国式现代化生态向度的生成既有深远的历史逻辑，也有深厚的理论逻辑，更有丰富的实践逻辑。我们可以从历史、理论和实践这三重逻辑的梳理中去领悟中国共产党是如何选择这条"人与自然和解之路"，并"创造

---

　　① 本刊评论员：《深刻认识和科学把握新发展阶段》，《求是》2020年第22期，第54—56页。

　　② 习近平：《努力建设人与自然和谐共生的现代化》，《求是》2022年11期。

人类文明新形态"的。

一、中国式现代化新道路生态向度的历史逻辑

世界范围内的现代化运动肇端于18世纪西方的工业革命，是伴随着三次工业革命而席卷全球的、从传统社会到现代社会的现代文明建制过程。这个以资本扩张为基础的原发性现代化，将一切民族卷入了现代化的历史洪流中。伴随着工业革命的西方资本主义现代化，造就了高度的机械文明，以崇尚工作效率和经济效益极大化的科学主义思维方式淹没了哲学的作用，技术与工人的活劳动成为资本增值的工具，"科技至上"的论调忽略了人的本质的发展和实现，最终造成了人的异化和人文价值的缺失。这种以技术革命为主导的现代化发展模式无限攫取着自然资源，大肆破坏着自然环境；以经济发展为主导的城市化在大规模普及的过程中，加大了对水源、土地资源等的破坏，这些共同造成了生态系统的不平衡，进而引发人与自然的矛盾。

先发的资本主义现代化给自然生态系统造成不可逆转的破坏，这个被西方世界标榜为实现现代化的必然模式，在某种程度上却为世界大多数国家在探寻现代化道路中作出了错误示范。我国在社会主义革命和建设时期，在"赶英超美"的口号下，曾采取赶超型发展战略和粗放型发展模式，"大炼钢铁""向自然开战"，过分强调人的主导地位而忽视了自然规律，重视自然资源的经济价值而忽视了生态价值，生态环境遭到大规模的破坏，导致人与自然关系失衡。生态环境问题在后期发展中逐渐显现出来，城乡环境均有不同程度的影响，草原退化、水土流失、河道污染、生物多样性锐减等生态问题成为突出问题。现代化本质上是不同地区、不同民族、不同国家以自己的方式与时代同行、与世界同步的社会历史实践。正如习近平总书记指出，"历史条件的多样性，决定了各国选择发展道路的多样性"。中国式现代化新道路就是基于对现代化历史逻辑的判断之上，在开创发展道路中逐渐形成的自主现代化。中国共产党积极从西方现代化和自身早期被动现代化中吸取历史教训，摒弃西方资本主义现代化"见物不见人"的异化现象，用马克思唯物主义理论结合中国实际，积极探索出具有中国特色的人与自然和谐共生的现代化新道路。

二、中国式现代化新道路生态向度生成的理论逻辑

（一）马克思主义的生态思想

马克思主义关于人与自然辩证统一的生态思想是中国式现代化新道路生态意蕴的源泉，是中国式现代化新道路生态向度生成的理论逻辑。马克思、恩格斯的原著和马克思后继者们关于生态的思想并称为马克思主义的生态思想。马克思、恩格斯虽未形成自觉的生态学理论，但揭示了人与自然之间的辩证统一关系，并指出人与自然之间的关系本质上是人与人之间的社会关系。资本主义工业大生产在为社会带来丰富物质资料的同时也带来一系列危机，比如城乡人口分布不均、生产破坏了土地肥力、工人和农民身心健康受到危害、人与自然关系紧张等等。鉴于此，马克思、恩格斯基于"人−社会−自然"的逻辑，从不同视域揭示了"人是自然界的一部分"，整个人类历史都是自然界的一部分。马克思主义主张我们尊重自然发展规律，在不破坏自然生态前提下保障人类的繁衍生息，将保护自然作为社会发展的重要方面，实现人类社会和自然界的互利共赢。

马克思主义强调要合理地调节人与自然之间的物质变换。马克思、恩格斯认为人通过生产和消费获取自身发展所需的东西，产生了人自身新陈代谢的排泄物，以及工农业生产和消费的废弃物，为了维持物质流动和能量平衡，这些排泄物和废弃物必须返还于土壤，形成一个完整的代谢循环。而他们在对资本主义农业的考察中却发现了代谢循环的断裂。他们认为，人与自然之间物质变换的断裂是由资本主义生产方式造成的，这会破坏土壤和森林，还使资源面临枯竭。

在人类社会演进过程中，人与自然界处于不断的交互运动中，人与

自然的这种交换不是单向的，人类不能一味索取，否则必然会遭到自然界的无情反噬。为此，马克思指出，人要合理调节与自然界的物质变换，将自然界置于"共同控制"下，而不是将其作为一种工具进行统治。后来的生态学马克思主义用马克思主义观点分析当代资本主义制度，通过探讨生态危机产生的制度性根源，提出解决生态危机的途径。可见，合理的物质变换是满足人类美好生活需求的必要保障，是促进人类社会发展的现实条件。马克思主义经典作家在对资本主义现代性的批判过程中，对人与自然的关系进行了分析，对人受自然制约、人支配自然、人与自然和谐发展这三个阶段分别有所阐述，这就意味着我们要在人与自然和谐共生的认识前提下，正确把握和运用自然规律，自觉合理地利用资源、改造自然，最终达成人与自然的和解。尽管马克思主义经典作家所处的现代化背景与如今大有不同，但他们关于人与自然关系的认识与理解却是宝贵的财富，是中国式现代化新道路生态向度的理论来源。

此外，马克思关于自然生产力的思想也是中国式现代化新道路生态向度的理论来源。马克思认为"一切生产力都归结为自然界"，从某种层面讲，现实的生产力首先是自然形成的"直接生产力"，而作为"物质力量"的生产力既是内部要素，又是各种"环境"和"条件"综合作用的结果。马克思主义的这一思想正是习近平总书记关于"保护生态环境就是保护生产力，改善生态环境就是发展生产力"的思想源泉。习近平生态文明思想也是对丰富发展历史唯物主义的生产力理论的一个原创性贡献。

（二）中华优秀传统文化的生态智慧

中华优秀传统文化的生态思想源远流长，其中蕴含的生态智慧是中国式现代化新道路生态向度生成的另一个理论逻辑。特别是儒家、道家、佛教中蕴涵着丰富的生态文明智慧，尽管三者之间的思想观念有很大差异，然而在对待人与自然的关系，却有着根本的一致性。三者都具有相同的有机整体世界观，都具有尊重、爱护万物的生态伦理思想，都主张顺应时令，节约用物。正如英国著名汉学家李约瑟博士曾总结的那样：

"古代中国人在整个自然界寻求秩序与和谐，并将此视为一切人类关系的理想。"①中国传统生态智慧坚信天地有生生之大德、道有辅育万物生长之至善，提倡效法天地之德，要求人们树立尊重生命、爱护万物的生命伦理观。为此，人类应遵从天道，促进自然万物的价值、平等与和谐的充分展现。道家以"道"为本源，认为"道生一，一生二，二生三，三生万物"，强调"人法地，地法天，天法道，道法自然"，主张天地万物"道通为一"，只有崇尚和顺应自然，才能达到"天地与我为一，万物与我并生"的最高境界。

中国悠久的农业文明传承下来的"顺应天时、节约用物"是中华传统生态思想的重要内容。无论是儒家还是道家都特别强调要重视利用自然的季节性和时机性，要求人们"取物以顺时""取物不尽物"。"树木以时伐焉，禽兽以时杀焉"（《礼记·祭义》），即是说，按其自然的生长季节获取五谷、蔬菜和飞禽走兽等。儒家强调在合适的时节适度开发利用自然的同时，禁止人们违反自然的季节性无度地开发利用自然，告诫人们在不同的季节应该有所禁忌，不去做伤害自然的事情。比如不成熟的五谷和不成材的树木都不允许在市场上出售，这实际上是要求人们按照自然规律办事，人的活动不能违反自然生态的运行规律，在利用自然时做到有理有节，反对为了追求眼前利益而滥用资源，注重维护人与自然之间的良性循环。

佛教的根本教义学说中也表达出人类与世间万物共生，彼此相互联系、相互影响，佛教学说中蕴含的丰富生态思想资源对"人与自然和谐共生"现代化建设具有重要的意义。

可见，中华优秀传统文化中蕴含的生态智慧为中国共产党在建设中国特色社会主义过程中继承与创新"人与自然和谐共生"的思想理念提供了理论基础，是中国式现代化新道路生态向度的理论逻辑。

---

① 潘吉星编：《李约瑟文集·李约瑟博士有关中国科学技术史的论文和演讲集》，吉林：辽宁科学技术出版社，1986年。

三、中国式现代化新道路生态向度的实践逻辑

中国式现代化新道路生态向度是中国共产党在不同历史背景和发展阶段对人与自然关系的认知和实践基础上的选择。

（一）新民主主义革命时期的萌芽探索

新民主主义革命时期，我们党就自觉将解决自然困境同解决经济困境、社会压迫、政治压迫统一起来。从早期提出"改良工人卫生，关注劳工青年健康"，到"采取改良水利政策解救农民与水旱灾荒之苦"；从制定与"山水林田湖草"治理相关联的各项土改法令的制定，到在各机关、部队提倡生产运动、节约运动和卫生运动，都体现出中国共产党领导的生态建设萌芽和探索。

（二）社会主义革命和建设时期的反思与调整

社会主义革命和建设时期，以毛泽东为代表的中国共产党人以高度的政治自觉将改善生态环境提到社会主义建设的日程上来，从兴修水利、建设基本农田、改良土壤、植树造林、建设草原，到防治污染和设置保护区。社会主义建设初期，国家提出了"四个现代化"的战略目标，开始曾因急于求成而盲目重复建设，高投入高排放的建设项目一定程度上对我国的自然环境造成一定破坏。但中国共产党以此为鉴，适时作出了调整。20世纪60年代末，在周恩来总理的指示下，我国生态环保工作正式展开，颁布《工业"三废"排放试行标准》《生活饮用水卫生标准（试行）》《渔业水质标准（试行）》《农田灌溉水质标准（试行）》等环境标准，并在1972年安排代表团参加联合国人类环境会议，研究国外环境治理经验，探索生态治理模式。1973年召开的第一次全国环保会议标志着真正意义的中国环保意识的觉醒。

（三）改革开放和社会主义现代化建设时期的生态理念

改革开放和社会主义现代化建设时期是中国式现代化新道路生态向度形成的转折期。这时期，邓小平提出了"中国式的现代化，必须从中国的特点出发"，以环保战略作为基本国策，以"三同步"（经济建设、城乡建设和环境建设同步规划、同步实施、同步发展）、"三统一"（实现经济效益、社会效益、环境效益协同统一发展）为理念和实践，为中国式现代化道路注入生态环境新要素和绿色发展新底色。在"经济与人口资源环境协调发展思想"的指导下，邓小平提出的"计划生育"和"植树造林"成为了那个时代的标签，这对于我们党探寻中国式现代化道路具有非常重要的现实意义。20世纪90年代，生态危机、资源短缺等成为全球性问题，如何实现人类社会的可持续发展成为世界各国都要面对的严峻挑战。1994年3月，我国率先发布了《中国21世纪议程——中国21世纪人口、环境与发展白皮书》，成为世界上第一个编制"21世纪议程"的国家。

改革开放和社会主义现代化建设时期，我国经济总量逐年大幅上升的同时，我国生态问题也越来越突出，水土流失、生物多样性丧失以及各种污染问题明显加重，就如何处理好"发展与保护"的关系问题，以邓小平、江泽民和胡锦涛为代表的中国共产党人坚持以人为本的执政理念，将节约资源和保护环境确立为基本国策并写入宪法，相继颁布《中华人民共和国环境保护法》《中华人民共和国矿产资源法》《中华人民共和国大气污染防治法》等多项法律制度，我国生态环境保护法律体系基本确立。中国共产党以可持续发展为指导理念，努力推动经济发展和生态保护同步，大力推进资源节约型和环境友好型社会建设，实现自然、经济、社会统一发展，为协调人与自然关系提供实践指导。党的十七大首次将"生态文明"写入大会报告，意味着中国形成了自己独特的关于人与自然关系发展的新理念。

（四）新时代的创造性实践

党的十八大以来，我国社会主要矛盾发生了全局性、根本性转变，中华民族伟大复兴与全面建设社会主义现代化任务更加紧迫，党和国家更加需要准确研判中国式现代化与生态文明建设的关系。以习近平同志为核心的党中央推进了一系列战略举措，提出了一系列战略设想，特别是形成了习近平生态文明思想，架构起了生态文明建设与中国式现代化道路之间的崭新演绎逻辑，即"人与自然和谐共生""最严格的制度、最严密的法治""地球生命共同体"，为更好满足人民群众的美好生活需要，发展中国式现代化新道路指明了前进方向。

习近平总书记历来对生态环境工作十分重视，早在河北、福建、浙江、上海等地工作期间就非常重视生态环境工作，他对"人与自然和谐共生"的思考与实践贯穿于自身从地方到中央的工作经历，积累了不少宝贵经验。从陕西梁家河到河北正定的生态实践到闽浙沪期间生态建设的区域性探索，习近平根据不同地区实际情况以及时代发展要求的变化提出不同的生态思想。陕西梁家河时尝试了早期的"厕所革命"；在正定，习近平认识到资源、生态与人口三个重要因素对于发展正定农业有着极其重要的影响，提出要保护和培植资源实现自然资源的可持续性，同时提出农业发展的生态战略。闽浙沪这一时期是习近平生态文明思想的重要凝练期，他通过在省市级岗位上的实践，对于生态文明建设的区域性探索，不断地深化了对于生态建设以及人与自然关系的认识。2002年任浙江省委书记时，习近平同志进行了连续的调研走访，他强调要发展绿色环保产业，推动经济建设和生态环境建设协调发展；2007年到上海宝山区调研时，习近平同志对宝山区转型发展提出了生态发展的意见；在任上海市委书记期间，习近平针对上海市宝山区的生态建设提出了转型发展的指导意见。

2018年5月的全国生态环保大会确立了习近平生态文明思想，这是一个科学完整的人与自然和谐共生的思想体系，是习近平新时代中国特色社会主义思想十分重要的组成部分，其所内含的"生态兴则文明兴，生态衰则文明衰""保护生态环境就是保护生产力，改善生态环境就是发展生产力""绿水青山就是金山银山""良好的生态环境是最公平的公共产品，是最普惠的民生福祉""全球生态文明建设的参与者、贡献者和引领者"等一系列重大的科学论断，既是最具中国特色、东方智慧的原创性思想，具有鲜明的时代特征：其一，通过将民本思维作为思想底线，坚持将生产发展、生活富裕、生态良好作为根本发展目标，以高标准、强力度、严要求推进污染防治攻坚战、美丽乡村目标、建设美丽中国等一系列民生举措，为建设"人与自然和谐共生"的现代化擘画了生动图景。其二，以全新的制度体系支撑中国式现代化新道路的生态逻辑，相继出台《关于加快推进生态文明建设的意见》《生态文明体制改革总体方案》，制定了40多项涉及生态文明建设的改革方案，重点关注并推进了包括黄河流域生态保护和高质量发展在内的一系列区域生态保护制度体系。在宏观层面上，党中央主导推动将生态文明建设写入党章和宪法，确保生态环境保护能够从根本上予以实施；在微观层面上，推动构建包括管、控、惩等在内系列生态文明建设的"四梁八柱"。其三，强调中国式现代化道路是不断推动构建"地球生命共同体"的现代化道路，提出"中国愿同世界各国、国际组织携手合作，共同推进全球生态环境治理"，率先发起建设"一带一路"绿色发展国际联盟的全球倡议、主动破除国际贸易的"绿色壁垒"、庄严承诺要按期实现"碳达峰""碳中和"的生态目标等，为推动构建"地球生命共同体"提供了中国智慧和中国方案。多次承办联合国缔约方大会并推动制定《鄂尔多斯宣言》《昆明宣言》《生物多样性公约》《联合国防治荒漠化公约》等全球协定，为推动构建"地球生命共同体"提供了中国气派和中国担当。

习近平生态文明思想开辟了坚持人与自然和谐共生的现代化道路，是中国式现代化新道路生态向度的创造性实践。

（作者单位：珠海城市职业技术学院）

以科教兴国战略助力中国式现代化

◇ 段科锋

党的二十大报告指出："实施科教兴国战略，强化现代化建设人才支撑。""教育、科技、人才是全面建设社会主义现代化国家的基础性、战略性支撑。"①中国式现代化离不开教育、科技、人才的支撑，实施科教兴国战略将助力中国式现代化。

一、建设高质量教育体系，为中国式现代化输送合格的生力军

党的二十大报告指出："教育是国之大计、党之大计。培养什么人、怎样培养人、为谁培养人是教育的根本问题。""加快建设教育强国、科技强国、人才强国，坚持为党育人、为国育才，全面提高人才自主培养质量，着力造就拔尖创新人才，聚天下英才而用之。"②党的二十大不仅为教育指明了方向，而且对教育提出了质量要求。

强化立德树人意识，提升育才实效。党的二十大报告指出："育人的根本在于立德。全面贯彻党的教育方针，落实立德树人根本任务，培养德智体美劳全面发展的社会主义建设者和接班人。"③首先，立德树人，要明确立什么样的德。理想指引人生方向，信念决定事业成败。立德，首先

---

① 《习近平在中国共产党第二十次全国代表大会上的报告》，新华网，2022年10月25日。
② 《习近平在中国共产党第二十次全国代表大会上的报告》，新华网，2022年10月25日。
③ 《习近平在中国共产党第二十次全国代表大会上的报告》，新华网，2022年10月25日。

要将理想信念作为灵魂加以培育。要以培养能肩负起中华民族伟大复兴重任的人才为着眼点，加强马克思主义理论教育，引导学生树立共产主义远大理想和中国特色社会主义共同理想。此外，还要在厚植爱国情怀和加强品德修养上下功夫，让学生扎扎实实修炼品德，踏踏实实培育和践行社会主义核心价值观。其次，立德树人，要在如何立德上花功夫。引导学生做到"明大德、守公德、严私德"，把立德树人融入思想道德教育、文化知识教育、社会实践等各个环节，贯穿基础教育、职业教育、高等教育等各层次各领域教育，学科体系、教学体系、教材体系、管理体系都要围绕立德树人这个目标来设计。

健全协同育人机制，形成高质量发展合力。办好教育事业，家庭、学校、政府、社会都有责任，全社会要担负起青少年成长成才的责任。要全面贯彻党的教育方针，坚持立德树人，加强师德师风建设，培养德智体美劳全面发展的社会主义建设者和接班人；要健全学校、家庭、社会协同育人机制，提升教师教书育人的能力素质，增强学生文明素养、责任意识和实践本领，重视青少年身体素质和心理健康教育；要因地和因校制宜，发展素质教育，创新实践模式，努力汇聚社会各方力量，形成教育高质量发展的合力。

深化教育改革，提高教育质量。一是夯实高质量教育体系根基。推动义务教育均衡发展和城乡一体化，完善普惠性学前教育以及特殊教育和专门教育保障机制，鼓励高中阶段学校多样化发展，提高民族地区教育质量和水平以及加大国家通用语言文字推广力度，健全"幼有所育、学有所教"等基本公共服务体系。二是面向中国式现代化的需要。加大人力资本投入，增强职业技术教育适应性，深化职普融通、产教融合、校企合作，探索中国特色学徒制，大力培养技术技能人才，提高劳动者技能、收入水平和社会地位，加快适应我国产业链供应链现代化水平的迫切需要。三是着眼发展全局。提高高等教育质量，分类建设一流大学和一流学科，加快培养理工农医类专业紧缺人才，加强创新型、应用型、技能型人才培养，支持发展高水平研究型大学，加强基础研究人才培养，推进产学研深度融合，为增强综合国力、增进民生福祉注入新的动力和活力。四是立足基本国情。支持和规范民办教育发展，在增加公共教育服务供给的同时，更好发挥社会各方的积极性，创新教育服务业态，推进教育治理方式变革。

二、深化人才发展体制机制改革，为中国式现代化激活"关键因子"

体制顺、机制活，则人才聚、事业兴。要以"放权、松绑"和人才评价为重点，着力打通人才流动和使用中存在的体制机制障碍，激活中国式现代化的"关键因子"。

坚持问题导向，进一步"放权、松绑"。只有为人才松绑，人才的创新创造活力才能充分迸发。人才如何用，用人主体最有发言权，要根据实际情况向用人主体充分授权，发挥用人主体在人才引进、培养和使用中的积极性，同时建立有效的自我约束和外部监督机制，确保下放的权限接得住、用得好；要进一步完善人才政策和管理制度，以人才为本，尊重人才、包容人才、善待人才；要赋予科学家和工程技术人员更大的技术路线决定权以及更大的经费支配权和更大的资源调度权，同时建立健全相应的责任制，确保科研项目和工程项目取得实效；要进一步深化科研经费管理制度改革，让人才专心搞研究、做学问，多出高水平、高质量成果。

加快完善人才评价体系，用好人才评价"指挥棒"。要完善人才评价体系，加快建立以创新价值、能力和贡献为导向的人才评价体系，形成并实施有利于科技人才潜心研究和创新的评价体系。要"破四唯"评价标准，让科技人才能够用长期坐冷板凳的精神来取得突破性原创性科技成果。要使人才不断努力，需要抓好以下三个评价环节：第一，明确目标任务。如果目标任务不明确，人才有劲没处使，英雄无用武之地。在管理中，首先要做到目标明确、工作到岗、责任到人。第二，明确成效评价。明确"如果做好了就被认可，如果没有做好就要打折扣"。第三，健全回报机制。回报不只是物质回报，也包括发展机会、荣誉等。

积极探索技术移民制度，聚天下英才而用之。要实现中国式现代化，就要建设世界人才中心和创新高地，就要对全世界的优秀人才形成吸引力和包容性。因此，要积极探索技术移民制度，让更多国际人才到中国来创新创业，聚天下英才而用之。我国建设了诸多重大的科技基础设施，要争取让更多的国际科技组织来华注册，或在中国境内设立更多的国际科技组织分支机构，提高我国对国际人才的吸引力。

三、坚持"四个面向"，为中国式现代化提供强大动力

党的二十大报告指出："坚持面向世界科技前沿、面向经济主战场、面向国家重大需求、面向人民生命健康，加快实现高水平科技自立自强。"[①]一方面，科技创新坚持"四个面向"，是新时代赋予科技工作的使命任务，中国式现代化需要科技创新提供强大动力；另一方面，科技创新只有坚持"四个面向"才能迸发出生机活力。

面向世界科技前沿。当前，全球范围内围绕科技制高点的竞争空前激烈，必须着眼于世界科技前沿推进科技创新。我国面临的诸多"卡脖子"技术问题，根本原因在于基础研究跟不上，源头和底层的奥秘没有搞清楚，何谈创新？基础研究是科技创新的源头，加强基础研究，提升我国基础研究水平和原始创新能力，成为我国在抢占科技制高点的竞争中能否立于不败之地的关键。

面向经济主战场。一方面，当前中国经济发展面临劳动力成本上升、资源环境约束加大、经济循环不畅、外部冲击等多重因素影响，经济要走高质量发展之路，就必须从科技创新中寻找解决之道。另一方面，科技只有面向和服务经济发展，科技自身才能迸发出源源不断的动力和活力。广大科技工作者，要善于运用新的科技成果推动传统产业转型升级，使其高端化、低碳化、智能化；要善于使新的科技成果产业化，促进战略性新兴

---

① 《习近平在中国共产党第二十次全国代表大会上的报告》，新华网，2022年10月25日。

产业发展；要加强科技创新与民生改善需求的对接，让科技创新成为人们提升获得感、幸福感和安全感的重要源泉。

面向国家重大需求。科技工作者只有把国家重大战略需求放在首位，使科技创新与国家的发展、民族的需要、人民的利益同向同行，才能让科技创新始终走在符合国家核心利益和重大需求的轨道上。科技创新要坚持需求导向，要想国家之所想、急国家之所急，从国家急迫需要和长远需求出发，为国家重大战略决策部署提供科技支撑。当前，我国经济社会发展、民生改善、国防建设等面临许多需要解决的重大现实问题。例如，农业领域的种业安全问题、工业领域的"卡脖子"技术问题、社会领域的人口老龄化问题等，这些问题均迫切需要通过科技创新获得解决方案。

面向人民生命健康。强调科技要面向人民生命健康，进一步阐明了新时代推进科技事业发展的价值取向，也是习近平新时代中国特色社会主义思想"以人民为中心"发展思想在科技领域的理论阐释和现实反映。要提高民生科技供给质量和水平，为人民生命健康、人口老龄化、重大灾害事故风险防控、绿色可持续发展等领域的重大需求提供系统化科技解决方案。广大科技工作者要以胸怀天下的家国情怀、护佑生灵的使命意识，做人民生命安全和身体健康的忠诚卫士，实现科技工作应有的社会价值。

（作者单位：珠海市委党校）

坚定价值自信：以人民为中心发展思想论析

◇ 戴志国

在党的二十大报告中，习近平总书记指出，前进道路上，必须"维护人民根本利益，增进民生福祉，不断实现发展为了人民、发展依靠人民、发展成果由人民共享，让现代化建设成果更多更公平惠及全体人民"。①以人民为中心的发展思想是习近平新时代中国特色社会主义思想的重要内容。这一发展思想是对马克思主义唯物史观的继承和发展，是中国共产党执政为民政绩观的生动体现，也是社会主义国家人民至上价值观的凸显，充分彰显了中国共产党和中国人民的价值自信。正如习近平总书记所说的："在任何时候任何情况下，与人民同呼吸共命运的立场不能变，全心全意为人民服务的宗旨不能忘，群众是真正英雄的历史唯物主义观点不能丢，始终坚持立党为公、执政为民。"②坚定价值自信，深入学习和把握以人民为中心的发展思想，对于贯彻落实党的二十大精神，全面推进建设社会主义现代化国家新征程具有重要意义。

一、坚定人民是真英雄的唯物史观

马克思主义唯物史观认为，人民群众是历史的创造者，是历史的主体。人民群众创造历史的决定性影响体现在人类生活的各个方面。首先，人民群众是人类物质财富的创造者。人民群众创造历史，从根本上说是因

---

① 《习近平在中国共产党第二十次全国代表大会上的报告》，新华网，2022年10月25日。
② 《习近平：始终与人民心连心、同呼吸、共命运》，人民网，2015年8月13日。

为人民群众是社会生产力的体现者。人民群众的生产实践活动是人类社会的前提和基础，正是在物质资料的生产实践中，人民"自己创造自己的历史"。其次，人民群众是人类精神财富的创造者。人民群众在创造物质财富的同时也创造了精神财富，任何有价值的精神财富都是对人民群众所从事的实践活动的提炼和总结。正如列宁所说："艺术是属于人民的。它必须在广大劳动群众的底层有其最深厚的根基。"[①]其三，人民群众是社会变革的决定力量。人民群众在推动历史向前发展的同时也不断变革着旧的生产关系和上层建筑，不断促进社会发展进步，从而成为社会发展的主体力量。

中国共产党是坚定的马克思主义者，唯物史观是中国共产党的历史观。以人民为中心的发展思想继承和发展了马克思主义的唯物史观。坚持人民主体地位是以人民为中心发展思想的立足点和出发点。习近平总书记指出："人民是创造历史的动力，我们共产党人任何时候都不要忘记这个历史唯物主义最基本的道理。""人民是历史的创造者，群众是真正的英雄。"

树立人民是"真英雄"的唯物史观就要始终坚持人民主体地位。坚持人民主体地位始终是中国共产党在革命、建设和改革中立于不败之地的强大根基。坚持以人民为中心的发展思想要求我们必须尊重人民的主体地位，充分发挥群众的智慧和经验。习近平总书记说："在人民面前，我们永远是小学生，必须自觉拜人民为师"，"必须充分尊重人民所表达的意愿、所创造的经验、所拥有的权利、所发挥的作用"。[②]

树立人民是"真英雄"的唯物史观就要始终坚持实践的观点。实践是指人们能动地改造和探索客观世界的物质活动。实践是人类的存在方式，是历史地发展着的实践。人民群众是社会实践的主体，人类社会发展的历史是人民群众实践活动的历史，人民群众是历史的主要创造者，也是社会

---

① 《列宁论文学》，北京：人民文学出版社，1958年，第137页。
② 《习近平在纪念毛泽东同志诞辰120周年座谈会上的讲话》，人民网，2013年12月27日。

变革的决定力量。正所谓"空谈误国，实干兴邦"，"幸福都是奋斗出来的"。

树立人民是"真英雄"的唯物史观就要始终践行群众路线。群众观点是马克思主义唯物史观的一个基本观点。正是基于人民是"真英雄"唯物史观的认识，中国共产党在领导中国人民长期奋斗的实践中，传承和发展了马克思主义的群众观点，总结出群众路线这一"党的生命线和根本工作路线"，使之成为中国共产党永葆青春活力和战斗力的重要法宝。群众路线在本质上体现的是马克思主义关于人民群众是历史创造者这一基本原理。群众路线坚持尊重社会发展规律与尊重人民主体地位的一致性，坚持把完成党的各项工作与实现人民的利益相结合，坚持把保障人民权益与促进人的全面发展相统一。习近平总书记多次强调，党执政后的最大危险就是脱离群众。党的十八大以来，为切实加强全体党员马克思主义群众观点，党中央在全党范围内开展了群众路线教育实践活动。在党的二十大报告中，习近平总书记再次强调，"人民性是马克思主义的本质属性，党的理论是来自人民、为了人民、造福人民的理论"。①

二、践行执政为民的政绩观

中国共产党是中国工人阶级的先锋队，同时是中国人民和中华民族的先锋队，自1921年诞生起，就始终坚持全心全意为人民服务的根本宗旨。执政为民是中国共产党性质和宗旨的必然要求，是党在长期的革命和建设中始终坚持的一贯立场，也是中国共产党鲜明的政绩观。中国共产党章程明确宣示："党除了工人阶级和最广大人民群众的利益，没有自己的特殊利益。"在2022年春季学期中央党校（国家行政学院）中青年干部培训班开班式上，习近平总书记强调，要"树立和践行正确政绩观"，"共产党

---

① 《习近平在中国共产党第二十次全国代表大会上的报告》，新华网，2022年10月25日。

人必须牢记，为民造福是最大政绩"。①

践行执政为民的政绩观才能一如既往地获得人民的拥护和支持。据统计，中国共产党刚成立的时候，全国有二百多个政党。但是，没过多久，绝大多数政党都烟消云散了，而中国共产党一直走到今天，并逐渐成为人民的主心骨，走上了执政的地位。中国共产党为什么能够一直走到今天，走上执政的地位，并且走得越来越好？就是因为始终没改变立党为公的初衷，始终坚持执政为民的宗旨。习近平总书记说："我们党来自人民、植根人民、服务人民，党的根基在人民、血脉在人民、力量在人民。失去了人民拥护和支持，党的事业和工作就无从谈起。""我的执政理念，概括起来说就是：为人民服务，担当起该担当的责任。"他强调："得民心者得天下，失民心者失天下，人民拥护和支持是党执政的最牢固根基。""党与人民风雨同舟、生死与共，始终保持血肉联系，是党战胜一切困难和风险的根本保证。"②

践行执政为民的政绩观才能真正发挥人民的主体作用。人类历史是人民群众创造的，坚持人民主体地位是以人民为中心发展思想的立足点和出发点。中国特色社会主义事业是亿万人民自己的事业，要充分发挥人民的主体作用，调动群众的积极性。习近平总书记说："中国梦归根到底是人民的梦，必须紧紧依靠人民来实现。""人民群众有着无尽的智慧和力量，只有始终相信人民，紧紧依靠人民，充分调动广大人民的积极性、主动性、创造性，才能凝聚起众志成城的磅礴之力。"在庆祝中国共产党成立100周年大会上，他强调，"打江山、守江山，守的是人民的心"。

践行执政为民的政绩观就要全心全意为人民服务。中国共产党从建党之日起，就明确了全心全意为人民服务的根本宗旨。党的宗旨反映了党的性质，"是我们党一切行动的根本出发点和落脚点，是我们党区别于其他一切政党的根本标志"。在中国共产党一百年的奋斗历程中，党的路线、

---

① 《习近平在中央党校（国家行政学院）中青干部培训班开班式上发展重要讲话》，新华网，2022年3月1日。

② 《习近平在庆祝中国共产党95周年大会上的讲话》，人民网，2016年7月2日。

方针和政策会随着时代的变化而不断变化，但中国共产党的宗旨始终如一，一以贯之。坚持以人民为中心的发展思想，从根本上说就是从为人民服务这个根本宗旨中延伸出来的，是新时代中国共产党执政为民政绩观的生动体现。党的十八届六中全会指出："必须把坚持全心全意为人民服务的根本宗旨、保持党同人民群众的血肉联系作为加强和规范党内政治生活的根本要求。"正因为如此，习近平总书记明确要求中央政治局的同志："必须做到以人民忧乐为忧乐、以人民甘苦为甘苦"，"始终怀着强烈的忧民、爱民、为民、惠民之心，察民情、接地气，倾听群众呼声，反映群众诉求"。①

　　践行执政为民的政绩观就要千方百计为人民谋幸福。党的性质和宗旨决定了党一切工作的出发点和落脚点都是为了人民。我国是社会主义国家，为人民谋幸福是社会主义的本质要求，也是党的性质和宗旨决定的。习近平总书记说："我们共产党人干革命、搞建设、抓改革，都是为了让人民过上幸福生活。"党的十八大以来，党中央直面各种社会问题，聚焦人民心声，以为民造福为己任，确立了新时代党和国家工作的战略方向、重点领域和主攻目标，集中回应了人民群众的关切和期待。习近平总书记强调："以人民为中心的发展思想，不是一个抽象的、玄奥的概念，不能只停留在口头上、止步于思想环节，而要体现在经济社会发展各个环节。""做到老百姓关心什么、期盼什么，改革就要抓住什么、推进什么，通过改革给人民群众带来更多获得感。""要坚持把增进人民福祉、促进人的全面发展、朝着共同富裕方向稳步前进作为经济发展的出发点和落脚点，部署经济工作、制定经济政策、推动经济发展都要牢牢坚持这个根本立场。"②在党的二十大报告中，他更是明确指出："为民造福是立党为公、执政为民的本质要求。"③

① 《中共中央政治局召开民主生活会　中共中央总书记习近平主持会议并发展重要讲话》，人民网，2016年12月28日。
② 《习近平在中国共产党第二十次全国代表大会上的报告》，新华网，2022年10月25日。
③ 习近平：《不断开拓当代中国马克思主义政治经济学新境界》，《求是》2020年8月第16期。

三、坚守人民至上的价值观

人民至上是社会主义国家的根本价值追求，也是发展新时代中国特色社会主义的根本价值遵循。坚持以人民为中心的发展思想，必须始终坚守人民至上的价值观。

坚守人民至上的价值观首先要坚持人民利益至上。马克思主义政党是以人民利益为发展的最高价值追求。马克思恩格斯在《共产党宣言》中指出：“无产阶级的运动是绝大多数人的、是为绝大多数人谋利益的独立运动。”中国共产党没有自己的私利，可以使人民的历史主体地位和价值主体地位实现真正的统一。习近平总书记多次强调，全党同志要把人民放在心中最高位置，一定要永远与人民同呼吸、共命运、心连心，永远把人民对美好生活的向往作为奋斗目标，“党的一切工作必须以最广大人民根本利益为最高标准。我们要坚持把人民群众的小事当作自己的大事，从人民群众关心的事情做起，从让人民群众满意的事情做起，带领人民不断创造美好生活”。①

坚守人民至上的价值观就要坚持“人民是阅卷人”的评判标准。是否坚持“人民是阅卷人”的评判标准直接关系到以人民为中心发展思想的指导和引领作用。“水能载舟，亦能覆舟”，人民不仅是历史的创造者，也是执政党的检验者和阅卷人。群众的眼睛是雪亮的，人民是最公正的评判人。习近平总书记多次要求在工作中要把人民是否满意作为一切工作的衡量标准，把是否给人民带来实实在在的获得感作为改革成效的评价标准。他强调：“检验我们一切工作的成效，最终都要看人民是否真正得到了实惠，人民生活是否真正得到了改善，人民权益是否真正得到了保障。”“我们党的执政水平和执政成效都不是由自己说了算，必须而且只能由人民来评判。人民是我们党的工作的最高裁决者和最终评判者。”要“把人民拥护不拥护、赞成不赞成、高兴不高兴、答应不答应作为衡量一

---

① 《习近平在中国共产党第十九次全国代表大会上的报告》，人民网，2017年10月28日。

切工作得失的根本标准"。[①]

1949年3月23日，党中央从河北西柏坡前往北京时，毛泽东把它形象地比喻成"进京赶考"。今天，中国特色社会主义事业已进入新时代，中国共产党带领人民所做的一切工作，仍然是这场赶考的继续，只要我们坚定价值自信，全面贯彻落实以人民为中心的发展思想，牢固树立人民是真英雄的唯物史观，始终践行立党为公执政为民的政绩观，始终坚守人民至上的社会主义价值观，那么，在这场历史性考试中，我们就一定能够经受住考验，掌握主动权，交出令人民满意的答卷。

（作者单位：广东科学技术职业学院）

---

① 《习近平在纪念毛泽东同志诞辰120周年座谈会上的讲话》，人民网，2013年12月27日。

以人民为中心走好共享发展之路

◇ 陈雷刚

习近平总书记在党的二十大报告中指出，"维护人民根本利益，增进民生福祉，不断实现发展为了人民、发展依靠人民、发展成果由人民共享，让现代化建设成果更多更公平惠及全体人民"，[①]这一论述体现了社会主义的本质要求和共享发展的实质。

新时代以来，广东牢记习近平总书记的殷殷嘱托，坚定不移谱写人民至上的奋斗图景，努力在推动高质量发展中提高共享发展的底色、成色，扎实推进共同富裕，人民群众获得感、幸福感、安全感显著增强。梳理新时代十年广东民生工作的实践，我们可以从中得出有益的经验启示。

广东推动共享发展的实践及成就

民生问题事关人民切身利益，关系社会和谐稳定、国家长治久安，决定人心向背。新时代十年，幸福广东"摸得着，看得到"，各项民生社会事业发展呈现新气象，人民群众在实现共同富裕的道路上迈出了扎实可喜的一步。

建立健全民生领域稳定投入机制。广东始终把民生支出作为财政保障的重中之重，不断加大投入力度，建立健全民生领域稳定投入机制；坚持"小切口大变化"，每年办好十件民生实事，2012年至2022年，全省民生支出累计达9.33万亿元。

---

① 《习近平在中国共产党第二十次全国代表大会上的报告》，新华网，2022年10月25日。

多措并举抓好就业拓展收入。广东突出抓好重点群体就业，推进创业带动就业，实施"粤菜师傅""广东技工""南粤家政"三项工程金字招牌，截至2021年，累计培训849万人次，带动就业创业275万人次。2012年至2022年，全省城镇新增就业累计1500万人，年度平均城镇调查失业率控制在5.5%以内、城镇登记失业率控制在3.5%以内。

广东人民生活实现了从比较宽裕到追求生活品质的深刻转变，人均可支配收入从2015年的2.79万元增长至2022年的4.71万元。

高质量脱贫夯实共享发展基底。消除贫困、实现共同富裕，是社会主义的本质要求。进入新时代，广东先后实施新一轮扶贫开发"双到"工作和脱贫攻坚行动，高质量打赢脱贫攻坚战，全省2277个相对贫困村全部出列，161.5万相对贫困人口全部脱贫，全省贫困群众全部实现"两不愁三保障"，历史性地解决了绝对贫困问题，筑牢了共享发展的基底。

编密织牢民生兜底保障网。社会保障是保障和改善民生、维护社会公平、增进人民福祉的基本制度保障。2012年至2022年，广东全民参保计划稳步推进，至2021年，养老、工伤、失业保险累计参保1.58亿人次，基本实现社会保障制度和人群"两个全覆盖"。

广东还率先建立底线民生保障机制，选取6大类兜底民生事项形成稳定的财政保障机制；高度重视社会救助工作，先后出台《广东省社会救助条例》等一系列地方性法规和文件，社会救助事业实现了跨越式发展。

广东推进共享发展的经验启示

新时代以来，广东着力使发展成果更多更公平惠及全体人民，交出了一份有温度的民生答卷，从省域层面生动诠释了中国特色社会主义制度的优越性，为在新征程中"走在全国前列、创造新的辉煌"筑实了底盘，为继续走好共享发展之路提供了启迪。

走好新征程上的共享发展之路，必须始终坚持以人民为中心，把解决民生热点难点问题作为加强民生保障的重要抓手，充分展现中国特色社会主义制度的价值优势。纵观习近平总书记关于改善民生的重要论述，"以人民为中心"贯穿始终，鲜明地体现了让人民过上幸福生活是中国特色社会主义的本质要求。

新时代以来，广东坚持将七成财政支出用于民生领域，实现了公共财政向"民生财政"转变；坚持每年办好十件民生实事，民生事业走在了全国前列，有效激发了全体人民的积极性、主动性、创造性。如今，广东成为众多创业者的向往之地。据第七次全国人口普查，广东成为全国人口净流入最强的省份，人口净流入前十城市，广东占了4席，分别为深圳、广州、东莞、佛山。新时代新征程，广东要实现高质量发展，就必须扎实办好民生实事和关键小事，不断加强民生保障，更好满足人民多层次、多样化的需求。

走好新征程上的共享发展之路，必须始终坚持党的领导，把集中力量办大事作为加强民生保障的重要支撑，充分展现中国特色社会主义制度的政治优势。

坚持党的领导和中国特色社会主义制度是我们党的政治优势，也是我们加强民生事业发展的最根本保障。在党的领导下坚持政府社会合作共治的改革方向，是广东统筹民生事业发展的一条重要经验。新时代新征程，广东要坚决扛起"走在全国前列、创造新的辉煌"使命，必须坚持党中央集中统一领导，主动服从服务全国大局，不断展示社会主义国家强大的动员和组织能力，在党中央的指引下先行探索中国式现代化路径和扎实推进全体人民共同富裕。

走好新征程上的共享发展之路，必须始终坚持全面深化改革，把体制机制创新作为加强民生保障的重要动力，充分展现中国特色社会主义制度的实践优势。

民生无小事，枝叶总关情，改革要从群众最期盼的领域改起。改革是广东潮涌的活力之源。新时代以来，广东坚持一张蓝图绘到底，不断健全完善为民办实事机制，通过出台《关于促进稳增长调结构惠民生工作的若干意见》、"促进就业九条"等一系列政策文件，不断健全就业创业体制机制，不断深化教育、收入分配、医药卫生等体制改革、建立更加公平可持续的社会保障制度，有力地促进了民生社会事业发展。不断出台的惠民生实招，聚焦了"实现社会公平正义""解决人民群众急难愁盼问题"等基本关切，给人民群众带来了满满的获得感。新时代新征程，广东要推进高质量发展、实现共同富裕的目标，必须在更高的起点上系统谋划民生领域体制机制的改革创新，建立健全民生立法的群众参与机制，着力破解民生领域出现的新问题，通过改革把以人民为中心的发展思想落到实处。

走好新征程上的共享发展之路，必须始终坚持科学精神，把遵循客观规律作为加强民生保障的重要原则，充分展现中国特色社会主义制度的真理优势。

新时代以来，广东从省域实际出发，充分研判自身制造业、服务业发达以及人口第一大省的特点，深入实施"粤菜师傅""广东技工""南粤家政"三项工程，用培训促就业，以就业促增收，让群众真正得到了实惠；及时研判区域城乡医疗资源不协调的状况，组织实施三甲医院"组团式"全覆盖帮扶县级医院、高水平医院跨区域联动"一对一"紧密型帮扶、建立城市医疗集团和紧密型县域医共体等，推动县级公立医院综合服务能力全面加强，基本实现"大病不出县"，充分体现了省委对推进基本公共服务均等化的探索与努力。新时代新征程，广东要推进高质量发展、全面建成社会主义现代化，必须注重把握好发挥主观能动性与遵循实事求是精神的统一，尊重自然规律、社会发展规律和历史规律，使民生改善始终与经济社会发展水平相协调，务实办好民生事业。

（作者单位：中共广东省委党史研究室）

中国古代"天下为公"的治政理念与新时代构建人类命运共同体

◇袁　青

习近平总书记在党的二十大报告中指出："坚持和发展马克思主义，必须同中华优秀传统文化相结合。只有植根本国、本民族历史文化沃土，马克思主义真理之树才能根深叶茂。中华优秀传统文化源远流长、博大精深，是中华文明的智慧结晶，其中蕴含的天下为公、民为邦本、为政以德、革故鼎新、任人唯贤、天人合一、自强不息、厚德载物、讲信修睦、亲仁善邻等，是中国人民在长期生产生活中积累的宇宙观、天下观、社会观、道德观的重要体现，同科学社会主义价值观主张具有高度契合性。"[①]天下为公是中国传统政治的精华，在中国传统政治中曾发挥重要作用，并一直延续至今，党的二十大报告特别指出它与科学社会主义价值观具有高度的契合性。

一、儒家的"天下为公"理念

"天下为公"首次出现在儒家文献《礼记·礼运》："大道之行也，天下为公，选贤与能，讲信修睦。"清代学者刘沅说："天下为公，不以天下为一己之私利……选贤二句，正天下为公实事。"可见，传统儒家所说的"天下为公"是天下是公共的，而不是某个君主私有的，"选贤与

---

① 《习近平在中国共产党第二十次全国代表大会上的报告》，新华网，2022年10月25日。

能""讲信修睦"是天下为公的具体表现。仔细分析起来，天下为公理念包含两个维度：其一，天下是公共的，而百姓才是天下的主体和国家的根本，因此"天下为公"必然蕴含"民为邦本"的政治理念；其二，天下是公共的，不是君主私有的，这就要求君主治国要一视同仁，做到公平公正而不徇私情。

天下是公共的，而民众是国家的绝大多数，是国家的基石，因此《尚书·五子之歌》说："民惟邦本，本固邦宁。"这句话虽出自伪《古文尚书》，可能成书较晚，但这一理念却至少在西周初年已经形成了。周初统治者在灭商的过程中意识到民众才是国家兴衰的决定力量，天命并不是固定的，感慨"天命靡常"（《诗·大雅·文王》），认为"天听自我民听，天视自我民视"（《尚书·泰誓》），民众才是天命的核心内容，只有得到民众拥护的政权才是稳固的。儒家对此尤其重视，孟子说："桀纣之失天下也，失其民也；失其民者，失其心也。得天下有道：得其民斯得天下矣。得其民有道，得其心斯得民矣。得其心有道：所欲，与之聚之；所恶，勿施尔也。"孟子认为桀、纣等暴君失去天下是因为失去民众的支持，失去民众的支持是因为失去民心了。要得到民众的支持就要得到民心，而要得到民心就是满足民众的要求。荀子也说："传曰：'君者，舟也；庶人者，水也。水则载舟，水则覆舟。'"（《荀子·王制》）民众和君主的关系就像水和船的关系，得到民众的支持君主就可以坐稳天下，失去民众的支持就会灭亡。古代儒家这种民本思想具有进步意义，国学大师柳诒徵就说："吾国先哲立国要义，以民为主，其立等威，辨上下，亦以为民，而非为帝王一人或少数武人、贵族纵欲肆虐而设。故虽未有君主立宪之制度，而实有民治之精神。"

天下为公也要求君主治国必须公正，孔子说："宽则得众，信则民任焉，敏则有功，公则说。"（《论语·尧曰》）何晏《论语集解》说："言政教公平，则民说矣。凡此二帝三王所以治也，故传以示后世。"孔子强调为政要做到公平公正，才能得到百姓的满意。孟子也说："圣人既竭目力焉，继之以规矩准绳，以为方员平直。"（《孟子·离娄上》）"规矩准绳"比喻社会规范及其制度，"方员平直"比喻公平。荀子最为重视为政的公平公正问题，他说："上公正，则下易直矣。……上偏曲，则下比周矣。"（《荀子·正论》）"上好曲私，则臣下百吏乘是而后偏。"（《荀子·君道》）对于如何做到公平公正，孔子提出"庶""富""教"的施政方针（《论语·子路》），先庶后富，富而后教，孔子认为统治者必须要重视维护百姓的权利，只有做到"博施于民而能济众"才是圣人（《论语·雍也》）。孟子和孔子一样，重视民生，主张富民，因此他认为君主首要在于"保民"（《孟子·梁惠王上》），而"保民"之关键在于"制民之产"（《孟子·梁惠王上》），百姓丰衣足食了，才能劝导他们向善，所以说："然后驱而之善，故民之从之也轻。"（《孟子·梁惠王上》）荀子提出富民主张，认为民众才是国家的财富来源，必须大力发展生产，让百姓富裕起来，他说："下贫则上贫，下富则上富。"（《荀子·富国》）

对于社会不公现象，孔子说："不患寡而患不均，不患平而患不安。"（《论语·季氏》）孔子提出均平思想，认为社会安定不在于财富的多寡，而在于财富分配是否均平。孟子进一步提出分配的均平问题，他说："夫仁政必自经界始。经界不正，井地不均，谷禄不平。是故暴君污吏必慢其经界。经界既正，分田制禄，可坐而定也。"（《孟子·滕文公上》）"经界"指的是土地分配问题，"谷禄"指的是土地产物的分配与再分配问题。也就是说，分配均平问题是孟子仁政的起点。荀子说："请问为人君？曰：以礼分施，均徧而不偏。"（《荀子·君道》）财富的分配必须依礼施行，这样才能保证公平公正，但孔、孟、荀所说的分配公平并非绝对的平均分配，而是有差异的均平。政治是否公平公正还体现于选官标准，孔子提出"举贤才"的选官标准（《论语·子路》），认为"举直错诸枉，则民服；举枉错诸直，则民不服"（《论语·为政》），只有公平公正地选拔人才，才能得到百姓的拥护。孟子同样也关注到选官的公正问题，他说："尊贤使能，俊杰在位，则天下之士皆悦而愿立于其朝矣。"（《孟子·公孙丑上》）荀子也认为选官之道在于保证公平公正，荀子说："虽王公士大夫之子孙，不能属于礼义则归之庶人。虽庶人之子孙也，积文学，正身行，能属于礼义，则归之卿相士大夫。"（《荀子·王制》）萧公权对此评价道："荀子官人主要之原则在立公制以屏私意。……夫官人之私意，多生于君主。故立制度之公者，乃所以防君主之私。"荀子反复强调立公制并最大限度地限制君主之私欲，追求政治公平公正是荀子政治理想的起点，也是其政治思想的终极目的。

二、道家、墨家的"天下为公"理念

"天下为公"不仅是儒家的治国理念，道家、墨家都有类似的思想。道家认为人类社会的原则和规范都源于"道"或"天道"，君主应效法"道"或"天道"而行事，道是无私的，它对天下万物都是无所偏私的，君王治国不应徇私情。《老子》第五章说："天地不仁，以万物为刍狗。圣人不仁，以百姓为刍狗。"苏辙对此解释道："天地无私而听万物之自然……圣人之于民亦然。"天地对于万物是公正无私的，君主效法天地，故而对于百姓也是一视同仁的。庄子继承了老子关于"道"无私的一面，他说："道无私。"（《庄子·则阳》）君主应效法道的无私，庄子说："汝游心于淡，合气于漠，顺物自然而无容私焉，而天下治矣。"（《庄子·应帝王》）庄子认为君主应该随顺万物自然本性，而不应有私心掺杂于其中，因为"个人之私心亦为乱政之一大原因。争夺奢侈之行，苛烦纷扰之政均可由之以起；故消除私意，乃可复于自然之无为"。由此看来，儒道两家均要求为政要去除私心，但道家去除私心的方法是随顺万物，如此才能做到无为而治，因为"人法地，地法天，天法道，道法自然"（《老子》第二十五章），而"道法自然"即道顺应万物之自然，落实到治国上，君主要顺应百姓之自然，这就要求君主去除私意而持守公平公正之立场。作为黄老道家代表作的《黄帝四经》认为君主统治天下也要无私："使民之恒度，去私而立公。"（《经法·道法》）这也就是说，只有无私者才能成为君主，所以君主统治天下也应做到公正无私，所以《黄帝四经》说："天下大（太）平，正以明德，参之于天地，而兼复（覆）载而无私也，故王天【下】。"（《经法·六分》）君主只有效法天地之无私才能称王天下。

墨家认为天具有意志，天是自然和社会的主宰，能够赏善罚恶，《墨子·天志上》说："顺天意者，义政也；反天意者，力政也。"天的意志就是兼爱非攻，墨子认为："凡天下祸篡怨恨，其所以起者，以不相爱生也，是以仁者非之。"（《墨子·兼爱中》）墨家的兼爱与儒家有差等之爱不同，它要求做到"视人之国若视其国，视人之家若视其家，视人之身若视其身"（《墨子·兼爱中》），他国与本国、他家与本家、他人与本人都同等对待，这就必然反对侵略战争，即"非攻"，更是一种视天下为公共的思想，人都受天志的控制，天志要求我们普遍地爱一切人，墨家所着眼的不是儒家由己及人的有限视域，而是从一开始面对的就是天下人组成的天下，因此墨家更是同意"天下为公"的政治理念，著名墨学专家方授楚甚至认为《礼记·礼运》"天下为公"等思想实际上来源于墨家。

"天下为公"的思想在后世广为人所接受，如《吕氏春秋·贵公》说："天人非一人之天下也，天下之天下也。"西汉大臣谷永向汉成帝谏言道："臣闻天生蒸民，不能相治，为立王者以统理之，方制海内非为天子，列土封疆非为诸侯，皆以为民也。垂三统，列三正，去无道，开有德，不私一姓，明天下乃天下之天下，非一人之天下也。"（《汉书·谷永传》）北宋哲学家张载《西铭记》说："民，吾同胞；物，吾与也。"民众都是我的同胞，万物都是我的伙伴，"民胞物与"是"天下为公"思想另一种表达。明末清初思想家顾炎武区分了"亡国""亡天下"和"保国""保天下"，他说："有亡国，有亡天下，亡国与亡天下奚辨？曰：易姓改号，谓之亡国；仁义充塞，而至于率兽食人，人将相食，谓之亡天下。……是故知保天下，然后知保其国。保国者，其君其臣，肉食者谋之；保天下者，匹夫之贱，与有责焉耳矣。"在顾炎武看来，"保国"是"肉食者"之事，但"保天下"是匹夫有责。王夫之分析了君主的起源，认为："天之使人必有君者……故其始也，各推其德之长人、功之及人者而奉之，因而尤有所推以为天下。人非不欲自贵，而必有奉以为尊，人之公也。"君主是人民"各推其德之长人、功之及人者而奉之"所选举出来的，这是出于人之公心，因而君王需要为天下百姓谋福利，黄宗羲也有类似的看法："有生之初，人各自私也，人各自利也，天下有公利而莫或兴之，有公害而莫或除之，有人者出，不以一己之利为利，而使天下受其利，不以一己之害为害，而使天下释其害。……古者以天下为主，君为客，凡君之所毕世而经营者，为天下也。"既然天下为主、君为客，因而天下百姓之生死才是最值得关心的，所以王夫之说："一姓之兴亡，私也，而生民之生死，公也。"顾炎武、王夫之、黄宗羲超越了传统的"一姓之兴亡"的观念，而放眼于"天下百姓之生死"，将"天下为公"的理念推向了高峰。

三、新时代构建人类命运共同体与对天下为公理念的高度契合性

虽然时代不断在变，中国人所认识的"天下"范围也不断拓展，但"天下为公"的理念却一直传承至今，习近平总书记提出构建人类命运共同体的思想就是将传统中国思想中的"天下为公"理念与中国化马克思主义相结合的典范。习近平总书记在党的二十大报告所指出："坚持和发展马克思主义，必须同中华优秀传统文化相结合。只有植根本国、本民族历史文化沃土，马克思主义真理之树才能根深叶茂。"习近平总书记所提出的新时代人类命运共同体就鲜明地体现了这一思想。

习近平总书记在党的二十大报告指出："构建人类命运共同体是世界各国人民前途所在。万物并育而不相害，道并行而不相悖。只有各国行天下之大道、和睦相处、合作共赢，繁荣才能持久，安全才有保障。"[①]可见，习近平总书记所说的人类命运共同体，其核心要义是和睦相处、合作

---

① 《习近平在中国共产党第二十次全国代表大会上的报告》，新华网，2022年10月25日。

共赢。当今世界，全球化趋势日益明显，各国人民的生活关联程度前所未有，全世界人民的前途和命运日益紧密联系在一起，历史趋势不肯逆转，习近平总书记2017年12月1日在中国共产党与世界政党高层对话会上的主旨讲话中深刻指出："世界各国尽管有这样那样的分歧矛盾，也免不了产生这样那样的磕磕碰碰，但世界各国人民都生活在同一片蓝天下、拥有同一个家园，应该是一家人。"①世界各国和睦相处、合作共赢，习近平总书记为世界走向光明指明了唯一的道路。

中华优秀传统文化中的"天下为公"理念认为天下是公共的，不是一姓一家的，包含"民为邦本"和公平公正的治国理政思想，由于古人地理知识的局限，其所思考的是中国一个国家的治理，而未考虑全人类的共同命运，习近平总书记新时代人类命运共同体的伟大构想，是基于全人类命运进行思考的，是对中华优秀传统文化"天下为公"理念的继承和发展。《党的二十大报告学习辅导百问》指出："人类面临的全球性问题数量之多、规模之大、程度之深也前所未有，动荡变革成为常态。面对这种局面，国与国如何相处，是争权夺利、恶性竞争、兵戎相见，还是开放包容、同舟共济、合作共赢，两种选择的结局截然不同。前者必然重演你死我活、兵连祸结、文明浩劫的历史悲剧；后者则需要树立'天下一家'理念，放下成见，携手合作，为建设美好世界共同努力。"面对当今世界日益复杂的国际环境，习近平总书记提出的构建以和睦相处、合作共赢为核心要义的人类命运共同体思想，其出发点是基于世界上绝大多数国家和绝大多数人民的利益。"天下为公"理念也是基于绝大多数人民的利益而提出的，"民为邦本"就是中国古人认识到百姓才是天下的主体和国家的根本，世界各国不能基于少数国家或少数人的利益而选择"争权夺利、恶性竞争、兵戎相见"，这样会"重演你死我活、兵连祸结、文明浩劫的历史悲剧"，世界各国只有"开放包容、同舟共济、合作共赢"才符合世界各国人民的根本利益，这种选择对于世界各国和各国人民来说才是真正的公

---

① 《习近平在中国共产党与世界政党高层对话会上的主旨讲话》，人民网，2017年12月2日。

平公正，这与中国古代"天下为公"理念内在要求公平公正的精神也是高度契合的。因此，习近平总书记新时代构建人类命运共同体思想与中国古代以"民为邦本"和公平公正为核心要义的"天下为公"理念具有高度的契合性，是对中华优秀传统文化中"天下为公"理念的继承和超越。

（作者单位：中山大学）

试论社会主义现代化强国的健康基础

◇ 谢仁生

　　健康是广大人民群众的期盼和追求，维护人民健康是中国共产党的性质和宗旨所决定，人民健康也是社会主义现代化强国的重要基础，是现代化最重要的指标。新时代的十年，我国卫生健康事业取得重大进步，人均预期寿命从74.8岁增长到78.2岁，主要健康指标位居中高收入国家前列，人民群众健康权益有了坚实可靠的保障。党的二十大提出"把保障人民健康放在优先发展的战略位置，完善人民健康促进政策"。发展卫生健康事业，保障人民健康是以中国式现代化全面推进中华民族伟大复兴基础性工程。

一、人民健康是社会主义现代化强国的内在要求

　　健康是促进人的全面发展的必然选择，是经济社会发展的前提条件，是社会主义现代化强国的内在要求。富强民主文明和谐美丽是社会主义现代化强国是重要指标，但尤为重要的基础性指标是人民健康。

　　第一，健康是美好生活的基础，保障人民健康是满足人民对美好生活需求的重要举措。美好生活是现代化强国的重要内容。人民对美好生活的向往，就是中国共产党的奋斗目标。新时代，人民所期盼的美好生活涉及更好的教育、更稳定的工作、更满意的收入、更可靠的社会保障、更高水平的医疗卫生服务、更舒适的居住条件、更优美的环境等，这些愿望的实现都需要以健康作为基础。毋庸置疑，健康作为人的生存基本要求，是最

普遍、最基础、最重要的民生需求。

第二，人民健康是经济高质量发展的前提。现代化建设的关键因素是人，人的健康素质无疑是影响经济社会发展和社会生产力的最基础因素。劳动者体力与智力正常发挥的前提是健康，只有在健康条件下，人身体的各项机能才能正常发挥，"不管有用劳动或生产活动怎样不同，它们都是人体的机能，而每一种这样的机能不管内容和形式如何，实质上都是人的脑、神经、肌肉、感官等等耗费。这是一个生理学上的真理"。[①]人的脑、神经、肌肉、感官正常的前提是健康。因此，人的健康直接或间接影响了社会经济发展，只有在保障人民健康基础上，才能确保中国式现代化的经济高质量发展。

第三，保障人民健康体现了以人民为中心的价值取向。人民健康是贯彻以人民为中心发展理念的内在要求。以人民为中心的发展理念，不是抽象的玄奥概念，而是落实到满足人民需要的各项具体措施中。党的十八大以来，以习近平同志为核心的党中央把保障人民健康摆在优先发展的战略地位，作出了"实施健康中国战略"的重大部署，制定了一系列促进和保障人民健康的举措。十九届五中全会通过的《中共中央关于制定国民经济和社会发展第十四个五年规划和二〇三五年远景目标的建议》，提出了"全面推进健康中国建设"的重大任务。

尽管我们在健康事业上取得了不少进步，如人均预期寿命较高，婴儿出生死亡率很低等，但是，诸如心血管疾病、脑血管疾病、恶性肿瘤和慢性阻塞性肺病等威胁人们生命健康的疾病仍然居高不下。据相关调查显示：2020年98%的公众表示自己曾经有过关于健康的困扰，主要有：情绪问题（占比53%）、皮肤状态不好（占比45%）、身材不好（占比45%）、睡眠不好（占比42%）、口腔问题（占比35%）、肠胃不好（占比34%）、眼睛问题（占比33%）、骨质关节（占比28%）、脱发（占比27%）。不可否认，当前我国的健康事业，人民健康状况还未到达满意的水平，不符合

---

① 《马克思恩格斯文集》第五卷，北京：人民出版社，2009年，第88页。

建设社会主义现代化强国的要求。

健康的身心是人民最基本的需求。习近平总书记曾指出，经济要发展，健康要上去，人民的获得感、幸福感、安全感都离不开健康。作为一个坚持人民立场的政党，没有理由不为人民健康而努力。党的性质与宗旨也决定了党必须把人民健康作为自己奋斗目标和现代化建设最重要的指标。只有坚持把保障人民健康放在优先发展的战略位置，才能真正体现"人民至上，生命至上"，也才能与社会主义现代化强国相适应。

第四，人民健康是社会主义现代化强国综合性指标的基础。健康是一种重要资源，关乎个人之存亡、国家之兴衰。习近平总书记指出："人民健康是社会文明进步的基础，是民族昌盛和国家富强的重要标志，也是广大人民群众的共同追求。"[①]

一个人健康状况与先天因素有关，但更重要的是后天因素。影响健康的后天因素包括生活环境、生活方式、心理素质、公共卫生、医疗条件、社会文化等，而这些因素又涉及个人、家庭、社会、国家、市场各个层面，涵盖了人的出生、养成、教育、宣传、治疗、照护、康复等诸多层次和环节，它们组成了一个相互联系的、有层次的、有结构的系统整体。这个系统整体反映了一个社会文明进步的程度，也反映一个国家的软实力，是一个国家综合国力的体现。"实施健康中国战略需要从系统论的角度，确保制度内部各要素服务于统一目标的理论逻辑，由多个子系统有机组成具有协同性、多样性、统一性的互动系统……既有传统意义上的医疗卫生领域，也有最近20年兴起的健康促进领域，还包括了融入健康因素的经济领域、社会领域、文化领域和生态文明等。"[②]由此可见，如何完善这个系统整体，保障和决定人的健康是建设社会主义现代化强国的主要内容和任务。

---

① 《习近平在教育文化卫生领域专家代表座谈会上的讲话》，人民网，2020年9月23日。
② 李玲、傅虹桥、胡玉曦：《从国家治理视角看实施健康中国战略》，载《中国卫生经济》2018年第1期。

二、社会主义现代化强国健康基础的内容与任务

社会主义现代化强国的健康基础必须既适应现代化建设需要，又满足人民对健康生活的需要。健康基础的内容与任务涉及预防、公共服务、健康保障等诸方面。

第一，建立以预防为主的健康促进系统。维护人民健康，预防是最经济、最有效的策略。疾病预防首先是培养健康的生活方式和健康意识，将预防关口前移，才能最大限度避免小病酿成大病。世界卫生组织研究表明，在影响健康的因素中有60%与生活方式和行为有关。当前不少群众的健康意识往往落后于时代要求，与现代化强国所应有的健康意识还有很大差距。许多人缺少自我健康管理的主动性、自觉性。中青年群体健康管理主动性和自觉性更加堪忧，他们往往自恃年轻，更容易出现熬夜、吸烟、过度饮酒、高脂高盐饮食且缺少均衡膳食、缺少运动等不良习惯。有研究团队在2021年通过网络问卷方式对我国居民健康素养的总体水平、地区分布和影响因素进行了调查分析，结果发现：大多数中国居民具备一定的健康素养，但具备较高素养水平的人群不足三成。同时，健康素养得分在不同群体具有显著的差异。其中中年组的健康素养得分最低。很多群众错误认为只要能吃能睡，就说明身体好，无需多虑。无病不预防、小病不重视的传统观念，使得我国的慢性病发病率居高不下，是因病致贫返贫的重要因素。健康的生活方式和科学的健康意识，较高的自我健康管理等既是公民保持健康必要选择，也是建设社会主义现代化强国的重要基础。

第二，完善公共卫生服务体系，减少健康不平等。社会主义现代化强国要求全民能够公平地享有可及的、系统的、连续的预防、保健、治疗、康复等健康服务。建立优质高效的医疗卫生服务体系，是完善国家治理体系重要内容，是健康中国战略的重要决策部署，是建设社会主义现代化强国必然要求，也是政府执政价值理念的体现。公共卫生服务体系关系到国民健康，主要涉及预防、医疗、服务、管理、辅助、监督几个方面，它是以人民生命健康为目标，这个体系完善与否直接关系到整个国家治理体系

的效能，直接影响到社会主义现代化强国的方方面面。

另外，建立与社会主义现代化强国相适应的公共卫生服务体系，还需要完善覆盖城乡居民的中国特色基本医疗卫生体系，完善人人享有基本医疗卫生服务和基本体育健身服务，确保全体人民享有所需要的、有质量的、可负担的预防、治疗、康复、健康促进等健康服务，尤其要解决好妇女儿童、老年人、残疾人、低收入人群等重点人群的健康问题，维护全体人民的健康。

第三，提升健康服务质量和健康保障水平，繁荣健康产业和健康公平。保障全民健康应该多管齐下，多方参与，不能光靠政府，而应该是政府、个人、社会共同努力。受传统计划经济影响，长期以来我国的公民健康保障事业几乎都是由政府来主导，而公民自身、社会组织、市场几乎很少参与，这种局面既造成政府负担过重，也影响整个健康事业。为了建设社会主义现代化强国，一方面，应该加大改革力度，充分调动社会资本和社会力量，引入市场机制，正确处理政府与市场关系，既不能完全把本该政府承担的任务简单地甩给市场，也不能由政府大包大揽。应该激活市场活力，降低市场准入门槛，简化优化行政审批制度，引入社会资本进入健康产品与健康服务领域，鼓励社会资金兴办多样化健康服务，创办高水平的全科诊所，满足群众多样化、差异化、个性化的健康需要。另一方面，加大执法力度和监督水平，严厉打击健康服务产业中的非法活动，鼓励诚实守信的单位。引导健康服务有序、健康发展，切实保障群众的健康利益。

第四，提高医疗卫生服务质量，优化医疗服务模式。完善促进婴幼儿、妇女、老人健康服务体系。积极应对人口老龄化现象，引入市场机制，促进养老事业和养老产业健康发展，强化老年预防保健措施，提升老年医疗和康复护理服务水平，提高医养结合发展水平，延长健康预期寿命。完善医疗服务机构的质量管理与控制制度，提升护理服务体系，实施以病人为中心的责任制整体护理。提高县域医疗卫生服务整体水平，保障乡、村两级医疗卫生服务全覆盖。创新中医药传承与发展模式，不断提升中医药防病治病的能力。

三、夯实社会主义现代化强国的健康基础的路径

影响人的健康有多种因素，既有个人因素、社会因素，又有自然环境因素和文化环境等因素。促进人的健康，既需要个人的努力，又需要政府、社会等多方积极地作为。夯实社会主义现代化的健康基础应该广泛开展健康中国行动、爱国卫生运动和全民健身运动，推行健康的生活方式，加强全面健康促进与教育，广泛宣传普及健康知识和理念，提升居民健康素养等。

第一，普及健康知识和理念，提升公民的健康素养。加强预防，提高公民的健康素养，是建设社会主义现代化强国重要内容。通过普及健康知识，提高公民健康意识，提高公民的健康素养，促使个体健康行为，以降低相关疾病发病风险，使更多个体保持健康的状态。正是在这种背景下，党的二十提出，"深入开展健康中国行动和爱国卫生运动，倡导文明健康生活方式"。

2019年6月，国家卫健委制定了《健康中国行动（2019—2030年）》，其中居于首位的便是"健康知识普及行动"。近年来，我国在推进健康知识普及行动，引导公民树立健康理念，培养"健康明白人"，倡导公众自觉养成健康生活方式，促进和提高全民健康素养水平等方面取得了明显进步，我国公民健康意识和健康素养水平有了显著变化。但同时，我们也看到许多人仍然缺乏必要的健康知识，还未树立"每个人是自己健康的第一责任人，对家庭和社会都负有健康责任"基本理念，普遍缺乏预防疾病、早期发现、紧急救援、及时就医、合理用药、应急避险等维护自身健康的知识和技能，不健康生活行为方式普遍存在于中青年群体中。由于专业的健康科普活动的缺位，一些药品广告、养生节目等便趁机填补了这个空白，充当了不少群众的"健康导师"。不少群众遇到健康问题，便从网络上获取信息，导致大量的真伪不辨甚至上当受骗的现象。

加强健康知识和理念的普及，让更多人民群众掌握基本的健康知识和技能，是建设社会主义现代化强国一项基础性工作。首先，完善健康知识科普机制。按照逐级建设、科学管理、规范使用、持续完善的原则，建立健康科普专家库，我国目前有超过1000个专家进入此库，数量不少，但仍然不能满足建设现代化强国的需要。同时，要建立相应的激励机制，发挥医疗机构和医务人员、医学生等群体在健康知识科普方面"主力军"的作用，把晦涩难懂的医学知识通过图文、视频、音频等群众容易接受的方式，在城乡尤其是偏远农村进行大范围、持续性的科普，让群众掌握基本防病知识和技能。其次，健康知识科普要善于利用新媒体，建立专业性、权威性的健康专栏和健康科普平台，使科学、权威、通俗的健康知识人人可用，人人能懂。最后，善于利用智能化手段，创新健康教育载体和方式，让百姓在手机、网络、媒体、智能终端等便能轻松获取科学权威的健康知识。同时，提高健康教育的针对性和实效性，尤其要针对特定群体进行实用有效的健康知识科普。

第二，开展全民健身运动，提升全民身体素质。生命在于运动，运动可以预防疾病，愉悦身心，促进健康。提高全民身体素质最佳选择就是开展全民健身运动。早在20世纪90年代，我国就制定了《全民健身条例》；2016年6月，国务院又印发了《全民健身计划（2016—2020年）》。这个条例和计划为促进我国全民健身运动发挥了很大作用，但是，目前我国还未形成"全民健身全域覆盖，全民健身全体参与，全民健身全民共享"的成熟体系。当前，我国的全民健身计划的作用还远没有发挥出来，一些地方还存在只是简单地在空地摆放几个健身器材的"面子工程"现象。不少地方还存在群众"健身难"的现象，场地不足、专业指导人员短缺、管理方式落后等问题。为建立与社会主义现代化强国相适应的人民健康，加强全民健身活动，提高全民身体素质，首先，要把全民健身计划真正落到实处，普及科学健身知识和健身方法，推动全民健身生活化。其次，政府应加大财政投入，完善健身基础设施，在城乡尤其是农村地区建立多样化的健身设施，满足群众多样化的需求。再次，举办多样化的全民健身活动，大力发展群众喜闻乐见的运动项目，鼓励开发适合不同人群、不同地域特点的特色运动项目，提高城乡居民参与度。培养大批专业社会体育指导员，为城乡居民提供健身指导服务。最后，创新工作方法，利用科技手段促进公民健身，如在大学生群体推行跑步打卡制，规定每年或每学期每个学生跑步里程。一些有条件的单位，也可以参照实行此方法，倡导单位职工锻炼身体。

第三，完善健康保障体系，保障人民健康权和健康公平。健康权是公民的基本权利，为了保障公民这项基本权利，我国建立了全民基本医疗保险制度，基本实现了"广覆盖、保基本"的目标。但是，现行的全民基本医疗保险制度还不能完全适应现代化强国的要求，还存在不同地区、不同人群保障程度不一的现象，还存在城乡居民与城镇职工医疗保险二元制度现象，职工基本医疗保险与城乡居民基本医疗保险制度在融资机制、保障待遇等方面存在明显差异，这种现象显然降低了这项制度的公平性，也与社会主义现代化强国不匹配，因此，加快建立覆盖全面的一元化的基本医疗保险制度，是现代化强国建设必然要求。

建立与现代化强国相适应的健康公平制度，还需要建立综合医疗服务网络，合理配置医疗资源。我国当前的医疗服务网络、资源分配还存在资源不均等、分工不明确、协作不畅通等现象。为了改变这种现状，首先，加快建立完备的医联体协同治理模式，完善政府主导、市场合作、医疗机构负责、公众参与、制度保障、信息共享的协同治理格局，健全多元主体协同共治的集体行动模式。其次，鼓励和引导社会资本创办医疗机构，分担国家部分负担，通过市场运作，实现医疗资源均等化。最后，提升基层医疗卫生机构的服务水平，完善分级诊疗制度，社区首诊以及双向转诊等制度，同时，为改变不同层次医疗机构资源差距过大现象，完善不同层级医疗机构之间人员交流、培训、帮扶制度。

第四，培养公民自主自律的健康行为。引导群众合理膳食，对重点区域、重点人群实施营养干预，减少居民营养不足或过剩的情况。对学校、幼儿园、养老机构等单位健康工作进行针对性的指导。在全社会开展控烟限酒行动，运用价格、税收、法律等措施提高控烟成效。加强心理健康服务体系建设和规范化管理，广泛开展心理健康科普，提升公民的心理健康素质。强化社会综合治理，对青少年、育龄妇女及流动人群开展专业、权威的性道德、性健康和性安全宣传教育和干预，加强对性传播高危行为人群的综合干预，减少性相关疾病传播。

第五，建设良好的健康大环境。良好的环境是健康的保障，营造健康的大环境对于人民健康至关重要。应加强环境治理制度化建设，严格监管整个生态环境，抓好大气、水、土壤污染防治，增加卫生健康领域的资金投入，完善食品安全监管制度，确保百姓餐桌上的安全。大力推进城乡环境整治，推动城市和乡村污水综合治理，建设健康宜居的美丽家园。

拥有健康未必能拥有一切，但失去健康必定会失去一切。健康是人全面发展的基础，它不是个人私事，而是家国大事，关系着千家万户幸福，更关系到国家繁荣与富强。保障和促进人民健康是中国特色社会主义制度优势，是我们建成社会主义现代化强国的重要基础。

（作者单位：遵义医科大学珠海校区马克思主义学院）

挖掘新材料　发现新问题　提出新观点　构建新理论　推动珠海哲学社会科学事业繁荣发展

◇ 朱思哲

党的二十大报告强调，必须坚持中国特色社会主义文化发展道路，坚持马克思主义在意识形态领域指导地位的根本制度，建设具有强大凝聚力和引领力的社会主义意识形态；"健全用党的创新理论武装全党、教育人民、指导实践工作体系。深入实施马克思主义理论研究和建设工程，加快构建中国特色哲学社会科学学科体系、学术体系、话语体系，培育壮大哲学社会科学人才队伍"；"加强国家科普能力建设，深化全民阅读活动。"①

这些重要论述深刻阐明了新时代中国特色哲学社会科学事业发展的道理、学理、哲理，是对中国特色社会主义文化建设规律的深刻把握，对推动党的创新理论深入人心，促进社会主义核心价值观广泛传播和中华优秀传统文化创造性转化、创新性发展等都具有重要意义。继续推动新时代珠海哲学社会科学事业繁荣发展使命无比光荣、责任无比重大。

坚持马克思主义在我国哲学社会科学领域的指导地位

中国共产党100多年的历程，是为中国人民谋幸福、为中华民族谋复

① 《习近平在中国共产党第二十次全国代表大会上的报告》，新华网，2022年10月25日。

兴不懈奋斗的历程；是把马克思主义基本原理同中国具体实际相结合、同中华优秀传统文化相结合，不断推动马克思主义中国化时代化的历程；同样也是重视哲学社会科学理论研究、加强哲学社会科学事业领导，从根本上改写中国理论学术图谱和发展的历程。

100多年来，中国哲学社会科学与时代同发展、与人民齐奋进，走过了不平凡的发展之路，为党和国家事业进步作出了重要贡献，取得了重大成就，积累了宝贵经验。

在马克思主义指导下成立的中国共产党，一经成立就开展了大量宣传和研究马克思主义的工作，一大批先进知识分子聚集在马克思主义旗帜下，奠定了中国哲学社会科学的基本走向和发展格局。

毛泽东同志在延安时期就指出："人们为着要在社会上得到自由，就要用社会科学来了解社会，改造社会，进行社会革命。"[1]

新中国的成立开启了中国哲学社会科学发展的新纪元。改革开放以来，邓小平同志强调"科学是了不起的事情，要重视科学"，并指出"科学当然也包括社会科学"。[2]

党中央提出并实施科教兴国战略后，反复强调哲学社会科学的研究能力和成果是综合国力的重要组成部分。江泽民同志特别指出"一切自然科学和社会科学的进步成果，都是先进文化的重要组成部分"。[3]胡锦涛同志进一步强调自然科学和社会科学"二者犹如车之两轮、鸟之两翼，同等重要"。[4]

党的十八大以来，以习近平同志为核心的党中央对哲学社会科学重视程度之高、推动力度之大前所未有。

2016年5月17日，习近平总书记主持召开哲学社会科学工作座谈会并发表重要讲话。他指出："一个没有发达的自然科学的国家不可能走

---

① 《毛泽东文集》第二卷，北京：人民出版社，1993年，第269页。

② 《十五大以来重要文献选编》（中），北京：人民出版社，1991年，第781页。

③ 《十五大以来重要文献选编》（下），北京：人民出版社，2003年，第2408页。

④ 《胡锦涛在国家社科基金项目优秀成果颁奖大会上的讲话》，《光明日报》1999年9月25日。

在世界前列，一个没有繁荣的哲学社会科学的国家也不可能走在世界前列。坚持和发展中国特色社会主义，哲学社会科学具有不可替代的重要地位。"①这深刻阐明了哲学社会科学的地位作用，提出了加快构建中国特色哲学社会科学的战略任务，为新时代哲学社会科学繁荣发展提供了根本遵循。

2017年，中共中央印发了《关于加快构建中国特色哲学社会科学的意见》。也是在2017年，习近平总书记在中国社会科学院建院40周年贺信中，发出了"繁荣中国学术，发展中国理论，传播中国思想"的号召。

党的二十大报告进一步强调："健全用党的创新理论武装全党、教育人民、指导实践工作体系。深入实施马克思主义理论研究和建设工程，加快构建中国特色哲学社会科学学科体系、学术体系、话语体系，培育壮大哲学社会科学人才队伍。"②

新时代的哲学社会科学事业日益繁荣，全党全国各族人民文化自信明显增强，精神面貌更加奋发昂扬。

珠海社会科学界联合会作为党领导哲学社科事业的重要部门，既是哲学社会科学理论研究、应用、普及的组织者、协调者、参与者，也是做好党领导下的哲学社会科学工作的参谋助手，其政治属性永远是第一位的，必须旗帜鲜明讲政治，不断提高政治判断力、政治领悟力、政治执行力，坚定不移在政治立场、政治方向、政治原则、政治道路上同以习近平同志为核心的党中央保持高度一致，确保哲学社会科学事业坚定沿着正确方向继续前进。

把准把牢哲学社会科学研究时代考题的主攻方向

不断开辟马克思主义中国化时代化新境界是一个追求真理、揭示真理、笃行真理的过程。

---

① 《习近平主持召开哲学社会科学工作座谈会》，新华社，2016年5月17日。
② 《习近平在中国共产党第二十次全国代表大会上的报告》，新华网，2022年10月25日。

党的十八大以来，国内外形势的新变化和实践的新要求，迫切需要我们从理论和实践的结合上深入回答关系党和国家事业发展、党治国理政的一系列重大时代课题。

我们党勇于进行理论创新探索，以全新的视野深化对党执政规律、社会主义建设规律、人类社会发展规律的认识，取得重大理论创新成果，集中体现为习近平新时代中国特色社会主义思想。

中国共产党人深刻认识到，只有把马克思主义基本原理同中国具体实际相结合、同中华优秀传统文化相结合，坚持运用辩证唯物主义和历史唯物主义，坚持解放思想、实事求是、与时俱进、求真务实，一切从实际出发，着眼解决新时代改革开放和社会主义现代化建设的实际问题，不断回答中国之问、世界之问、人民之问、时代之问，作出符合中国实际和时代要求的正确回答，得出符合客观规律的科学认识，形成与时俱进的理论成果，把时代考题之答卷书写在祖国大地上，才能更好指导新征程的中国实践。

只有植根本国、本民族历史文化沃土，同中华优秀传统文化蕴含的天下为公、民为邦本、为政以德、革故鼎新、任人唯贤、天人合一、自强不息、厚德载物、讲信修睦、亲仁善邻等精华贯通起来，同人民群众日用而不觉的共同价值观念融通起来，不断赋予科学理论鲜明的中国特色，才能让马克思主义在中国牢牢扎根，才能始终保持马克思主义的蓬勃生机和旺盛活力。

实践没有止境，理论创新也没有止境。当代中国共产党人的历史责任就是要不断谱写马克思主义中国化时代化新篇章。站在这最前沿的哲学社会科学工作者应当牢记"国之大者"，从我国奋进新征程的伟大实践中挖掘新材料、发现新问题、提出新观点、构建新理论，加强对党治国理政新理念新思想新战略的研究阐释，概括出具有规律性的新实践。

珠海改革开放和现代化建设迈上新时代新征程，开启了崭新的发展阶段。哲学社会科学工作者要以珠海高质量发展正在做的事情为中心，加强对各领域各行业的分析研究，做实研究员，做好实干家，学思用贯通，知信行统一，带着问题去，朝着困难上，作出有思想穿透力和理论说服力的科学解答，努力提供学理支撑、智力支持、实践指导。

不断丰富中国特色哲学社会科学体系构建的特区实践

我国哲学社会科学早期以哲学、经济学、文艺学、历史学等学科为主。新中国成立特别是改革开放以来，社会学、政治学、法学等学科迅速恢复重建，大量新学科、交叉学科、边缘学科顺应经济社会发展需要不断涌现，哲学社会科学与自然科学的融合更加深入。

哲学社会科学界加快构建中国特色哲学社会科学学科体系、学术体系、话语体系，经过大规模学科调查和学科调整，发展优势重点学科，推进具有重要现实意义的新兴学科和交叉学科，延续具有重要文化价值和传承意义的"绝学"、冷门学科，"新文科"建设学科体系正在加速形成。

同时，我国哲学社会科学研究队伍也经历了由小到大、由弱到强的发展历程。新中国成立前，哲学社会科学基础薄弱，研究与教学机构规模较小，专业研究人员数量稀少。新中国成立后，哲学社会科学界发现、培养、集聚了一批学术名家、学科带头人、中青年教学科研骨干，逐渐形成一支政治过硬、本领高强的哲学社会科学人才队伍。

中华民族复兴伟业，必然造就具有中国特色、中国风格、中国气派的哲学社会科学体系。在中国特色哲学社会科学学科体系、学术体系、话语体系构建中，珠海哲学社会科学工作者应胸怀全国、立足珠海、借鉴港澳、挖掘历史、把握实践、面向未来，在继承性、区域性、开拓性、时代性、探索性上下功夫，结合珠海高质量建设新时代中国特色社会主义现代化国际化经济特区的丰富实践，推动重大观点和学术思想的研讨创新，主动设置议题，推出一批基于珠海实践、反映中国立场、能为学界所理解接受的学术命题、学术范畴和标识性概念，提升哲学社会科学的传播力影响力，努力发挥哲学社会科学领域的窗口和示范作用。

扛起哲学社会科学凝心聚力资政辅治的职责使命

当前，要在研究阐释上下功夫。发挥哲学社会科学优势，当好全面学习的排头兵，先学一步，学深一层，确保深入学习在哲学社会科学界的全覆盖；组织专门力量，开展深入研究，既全面、系统、完整阐释党的二十大精神，又结合各行业、各部门实际开展专题研究，突出重点，深入浅出，真正阐释透彻蕴含其中的道理、学理、哲理。要在宣传宣讲上下功夫。创造性组织"理论宣传轻骑兵""大榕树下微宣讲""大道理＋小故事"等活动，深入到一线、到基层、到群众中去，以人民群众喜闻乐见的形式、通俗易懂的语言，让老百姓听得懂、能领会、可落实，使宣讲宣传既有理论高度，又有接地气的温度，引领广大群众坚定不移听党话、感党恩、跟党走。

要在贯彻落实上下功夫。以党的二十大对全面建成社会主义现代化国家的重大部署为根本遵循和行动纲领，深入开展调查，结合经济、政治、文化、社会、生态文明建设、教育科技人才等领域面临的困难挑战，努力回答好人民之问、发展之问，提升咨政水平，在服务大局中展现更大作为。

展示宣讲好中国式现代化的"珠海故事"意义重大。以全局性、整体性的视野，用好具体的、生动的视角，精心提炼总结全面建设新时代中国特色社会主义现代化国际化珠海经济特区的丰富实践，发挥哲学社会科学在融通中外文化、增进文明交流中的独特作用，在对外理论舞台上，通过讲好"中国故事"和"珠海故事"，让全世界越来越多的人认识到中国道路的正确性、中国理论的科学性、中国制度的优越性。

必须不断加强党对哲学社会科学的全面领导。哲学社会科学事业是党和人民的重要事业，哲学社会科学战线是党和人民的重要战线。加强和改善党对哲学社会科学工作的领导，是繁荣发展哲学社会科学事业的根本保证。应把哲学社会科学工作纳入党的重要议事日程，加强政治领导和工作指导。着眼于把握正确方向，着眼于激发科研活力，统筹管理重要人才、重要阵地、重大研究规划、重大研究项目、重大资金分配、重大评价评奖。合理配置资源，增强哲学社会科学发展能力。发挥哲学社会科学在城市经济社会发展中的重要作用，加强新型智库建设，加强同党政部门政策研究工作对接、互动交流，开展前瞻性、针对性、储备性政策研究，建立健全决策咨询制度。

牢牢把握哲学社会科学涵养新时代城市精神的发展要求

治国有常，利民为本。

开展社科研究首先要搞清楚为谁著述、为谁立说。哲学社会科学事业发展历程表明，理论源于人民、为了人民、属于人民，脱离了人民大众，哲学社会科学就不会有吸引力、感染力、影响力、生命力。

坚持为人民做研究的理念，自觉把个人学术追求同国家和民族的发展联系在一起，经过艰苦努力，才能得出经得起实践、人民、历史检验的研究成果。

开展哲学社会科学知识普及，必须到实地调查研究，了解百姓生活状况，把握群众思想脉搏，着眼群众迫切需求，结合实际解疑释惑，阐明道理，才能把思想输入到群众心坎里，让"大道理"飞入寻常百姓家。

市民是城市的主人，城市是市民的家园。城市精神作为标识城市的内在文化基因，也是城市发展深层次的动力源泉。站在新起点上，珠海要以文化自信自强拓展城市精神新内涵，弘扬、丰富、发展特区精神、改革开放精神，引领经济特区在全面建设社会主义现代化国家新征程中继续走在前列、当好尖兵。哲学社会科学工作必须坚持着眼于赓续城市精神血脉，不断总结、提炼城市精神的新时代内涵，唱响主旋律，培育新楷模，引领新风尚，外树形象，内聚民心，厚植城市品格，增强社会资本，汇聚全市智慧，为城市核心竞争力不断注入强大的精神伟力，让全市人民把个人发展与城市愿景、民族复兴、国家富强紧紧联系在一起，创业兴业，埋头苦干，守正创新，敢闯敢试，推动形成团结奋进建设共同家园的生动局面。

（作者单位：珠海市社会科学界联合会）

不断提高"七种思维"能力为推进中国式现代化而努力奋斗

◇ 范登殿

党的二十大报告首次向全党提出强化"七种思维",是习近平新时代中国特色社会主义思想的科学方法论,是我们推进中国式现代化的能力保障。在二十大这个对党和国家历史极其重要的历史节点上,我们党提出了中国式现代化的伟大设想,对领导干部的能力和素质提出了新的更高要求。思维能力是各级领导干部的核心能力,是政治素养、能力水平、领导艺术和工作绩效的重要体现,只有不断提高思维能力,才能胸怀大局、审时度势,才能牢牢掌握工作主动权,做到因势而谋、应势而动、顺势而为,"上九天揽月,下五洋捉鳖",不断开创工作新局面。我们要以习近平新时代中国特色社会主义思想为指导,深刻领悟"两个确立"的决定性意义,增强"四个意识"、坚定"四个自信"、做到"两个维护",不断提高战略思维、历史思维、辩证思维、系统思维、创新思维、法治思维、底线思维能力,奋力推进新时代中国式现代化伟大事业。

坚持提高战略思维能力

党的二十大报告指出,要不断提高战略思维能力,为前瞻性思考、全局性谋划、整体性推进党和国家各项事业提供科学思想方法。战略思维能力,就是正确把握事物发展总体趋势和方向,善于从根本上解决问题的能力。战略思维能力是各级领导干部必须具备的一项基本能力,直接关系到党和国家各项事业的兴衰。习近平总书记多次强调，全党要提高战略思维能力，不断增强工作的原则性、系统性、预见性、创造性。一是强化理论武装。学好马克思主义哲学、政治经济学，掌握科学严谨的思维方法。加强对辩证唯物主义和历史唯物主义的学习领会和运用，深刻领悟党的创新理论蕴含的马克思主义世界观、方法论，提高运用马克思主义基本原理分析问题处理问题的能力。把马克思主义基本原理同习近平新时代中国特色社会主义思想贯通起来，掌握观察、分析、解决问题的立场观点方法，把握现象与本质、特殊与普遍、局部与整体、当前与长远的关系，为深刻认识、科学分析、有效解决中国特色社会主义事业中的重大问题，提供坚强有力的思想武器。二是强化大局观念。正确处理大局与局部的关系，局部的发展和利益要服务服从于大局，自觉纳入大局来考量，始终坚持把党和人民的利益放在第一位。同时，局部本身即是大局的有机组成部分，在制定政策、解决问题、推动工作的时候，不忽视局部的发展和局部的利益，立足于充分发挥每个部分、每个个体的积极性、主动性，重视局部的发展和利益，团结局部的力量，发挥局部的智慧。三是强化前瞻意识。在科学把握现实国情、社情和部门工作实际的基础上面向未来，对事业发展趋势走向作出清晰判断和科学预见。在宏观上，坚持用联系的眼光和科学的立场、观点、方法，把握事物发展的总体趋势和根本方向，应时而为、顺势而为、趁势而上；在微观上，善于从苗头性、倾向性问题上预见预判风险，把握好各种因素之间的内在联系，超前谋划，趋利避害，赢得主动。四是强化问题导向。坚持问题导向是新时代我们党治国理政新理念新思想新战略的鲜明特点。强化问题导向，就是要把问题意识贯穿于工作的全过程，目光和思维不断往返于问题和工作之间，以全面系统的战略思维，把握问题之间的内在联系，从个性问题中发现共性问题。针对问题找准推动工作的突破口和主攻方向，既立足当前又放眼长远，统筹兼顾，抓住关键，增强工作的原则性、系统性、预见性、创造性切实解决问题。

坚持提高历史思维能力

党的二十大报告指出，坚持和发展马克思主义，必须同中华优秀传统文化相结合。在百年奋斗历程中，我们党始终坚持和运用历史思维分析和解决问题，总结历史经验，不断深化对党的建设和执政规律认识，推动革命、建设、改革的伟大实践。从党百年奋斗的历史中看清楚过去我们为什么能够成功、弄明白未来我们怎样才能继续成功，需要我们在大历史观中增强历史思维能力，探究历史规律，汲取历史智慧。一是贯通中外历史。从大历史观来看，世界史、中华传统历史、党史、新中国史、改革开放史、社会主义发展史是相互贯通的整体。在历史大视野和大逻辑中，能够弄清楚我们是谁、从哪儿来、往哪儿去，别人是谁、从哪儿来、往哪儿去，讲清楚中国共产党为什么能、马克思主义为什么行、中国特色社会主义为什么好等重大问题。有了贯通历史的思维，能形成科学、正确、系统的大历史观，进而在研究历史和借鉴历史中不断汲取勇毅前行的经验、智慧和力量。二是把握历史大势。只有具备广阔的历史视野，从大势着眼、从大局出发，才能全面理解中华民族伟大复兴的战略全局和世界百年未有之大变局，科学把握国内国际两个大局之间多方面、深层次的联动关系，深刻认识我国社会主要矛盾发展变化带来的新特征新要求，以及错综复杂的国际环境带来的新矛盾新挑战，从而在把握历史规律、认清发展趋势的基础上，更加注重统筹好两个大局，扎实推进中国式现代化的战略全局。三是掌握历史主动。只有把握历史发展规律和大势，才可以掌握事业发展的历史主动。我们要准确把握每一个历史阶段的特征，主动从历史中获得启迪，不断往复反观对比，把对历史的认识同研判新形势、把握新情况、解决新矛盾结合起来，始终保持战略定力和清醒头脑，更好应对前进道路上各种可以预见和难以预见的风险挑战，始终站在历史发展的顺势上。四是洞察历史规律。习近平总书记指出："只要把握住历史发展大势，抓住历史变革时机，奋发有为，锐意进取，人类社会就能更好前进。"宏观上，我们要坚持在对历史的连续性思考中，看清历史、现实和未来是相通的，有其内在的演化规律，真正做到把握历史命运和历史运动规律。微观上，要坚持具体问题具体分析，更加清楚地认识到人类社会的发展规律是共性规律和个性特点相统一的，把历史自信转化为坚定理想信念之源、破解矛盾问题之策、保持埋头苦干之力。五是认清历史主体。马克思主义唯物史观认为，人民群众是历史的创造者。党的百年历程雄辩地证明，坚持人民主体地位，充分调动人民积极性，始终是我们党立于不败之地的强大根基。要尊重人民历史主体地位，发挥人民首创精神，最大限度激发蕴藏在人民群众中的创造伟力，才能使党和国家事业获得源源不断的发展动力。

坚持提高辩证思维能力

辩证思维能力，就是承认矛盾、分析矛盾、解决矛盾，善于抓住关键、找准重点、洞察事物发展规律的能力，既要有"会当凌绝顶，一览众山小"的思维高度，也要有"落叶知秋，见木知林"的思维深度，还要有"登高望远，极目楚天舒"的思维广度，从根本上提高辩证思维能力。一是坚持矛盾分析法。矛盾分析法是我们党从一个胜利走向又一个胜利的重要法宝，是我们正确认识和处理矛盾的基本方法。要承认矛盾，正视矛盾的客观存在，自觉运用对立统一规律，从历史和现实、理论和实践、国内和国际等结合上进行思考，从社会发展的历史方位上来思考，从党和国家事业发展大局出发进行思考，处理好发展中的各类问题。二是正确把握我国社会发展的阶段性特征和基本矛盾。正确把握基本国情变与不变的辩证关系，认清社会主义初级阶段与社会发展阶段性特征的实践逻辑，辨明历史方位、权衡利弊大小，善于牵住"牛鼻子"，作出科学的战略抉择。三是坚持"两点论"与"重点论"的辩证统一。坚持一分为二看问题、多个角度想事情，既看到现象又看到本质，既看到机遇又看到挑战，既看到成绩又看到困难，在把握全局中推进工作。注重矛盾双方的相互作用和对立统一。认识到矛盾的主要方面和次要方面在一定条件下可以相互转化，在分清问题主次的基础上，统筹兼顾，推动各项工作全面、协调、可持续发展。

坚持提高系统思维能力

党的二十大报告指出，我国发展进入战略机遇和风险挑战并存、不确定难预料因素增多的时期，各种"黑天鹅""灰犀牛"事件随时可能发生。我们面临的各类工作和任务也更为复杂，单纯依靠某一种思路和手段完成工作较为困难。因此，必须提高系统思维能力，从多角度思考和解决问题。一是把握好政治思维。习近平总书记指出"必须旗帜鲜明讲政治"。政治思维是各级党员干部必须首要把握的思维能力和方式，是我们各项工作的基本方向。要进一步强化"四个意识"，在思想上政治上行动上同以习近平同志为核心的党中央保持高度一致，首先把好各项工作的政治方向，不能起错步。二是把握好经济思维。经济是发展的基本动力，尤其是在经济发展进入"新常态"后，党员干部和人民群众都需要进一步转变和提升经济思维，充分认识我国经济由高速发展阶段进入高质量发展阶段，发展模式过去单纯追求数字和速度的经济发展思维方式转变为追求质量和效益，才能更好地适应新时代，紧跟宏观节奏，进而引领"新常态"。三是把握好道德思维。习近平总书记指出"国无德不兴，人无德不立"，道德思维不仅是公民个体的思维，也是党委政府应有的思维。要用道德思维引导群众形成善良的道德意愿、道德情感，培育正确的道德判断和道德责任，提高道德实践能力；充分发挥道德示范引领作用，营造学习先进典型的氛围，确保关键时刻站得出，危难时刻豁得出。四是把握好法治思维。一切工作党政必须于法有据，始终运行在法治的轨道上。一方面，要突出抓好重大决策、党内规范性文件合法性审查，严格履行决策相关法律程序，确保决策依法合法；另一方面，要从法律角度审视和研判问题性质，通过法律手段理清复杂的纠纷关系，最终实现矛盾问题依法妥善解决。

坚持提高创新思维能力

习近平总书记指出，"改革创新成为各国化解挑战、谋求发展的方向"①。解决发展中遇到的矛盾，破解发展难题，离不开创新思维。坚持创新思维，有利于推进马克思主义中国化，更是中国式现代化的内在要求。创新需要灵感，也需要启发和借鉴，需要目光和思维的反观往复，硬创是创不来的。一是注重溯本创新。要从追寻事物本质中创新认识，不断透过现象思考和追问事物和事件的本质，从根本上把握事物及其发展规律，推演其可能的发展形态和趋势。二是注重系统创新。就是从全局着眼，全方位、立体化和多角度地分析事物，从而得出对事物的科学认识，继而从模式或形态或本质上形成新的效能之治。三是开放创新。习近平总书记指出，"自主创新不是闭门造车，不是单打独斗，不是排斥学习先进，不是把自己封闭于世界之外"。②在谋划创新过程中，决不能囿于自我封闭的小圈子，而是应积极主动走出去和引进来，充分整合和利用好人类智慧资源，在交流与合作中提升创新思维能力。三是历史创新。就是从历史的经验教训中谋划现实和未来。历史是现实和未来的镜子，历史上的痛苦磨难和失败失序都是我们可以引以为鉴的素材，进而实现"创新性发展"。

坚持提高法治思维能力

习近平总书记强调，"要自觉运用法治思维和法治方式深化改革、推动发展、化解矛盾，维护社会公平正义"。③法治思维是以法治为价值追求和以法治规范为基本遵循来思考问题、指导行动的一种思维方式。提

---

① 《习近平在亚太经合组织工商领导人峰会上的主旨演讲》，人民网，2017年11月11日。
② 《习近平在中国科学院第十七次院士大会、中国工程院第十二次院士大会上的讲话》，人民网，2014年6月9日。
③ 《习近平：年轻干部要提高解决实际问题能力，想干事能干事干成事》，新华网，2020年10月10日。

高法治思维能力对于提升国家治理现代化水平意义重大，法治现代化也是中国式现代化的应有内涵。习近平总书记指出，"任何组织或者个人，都不得有超越宪法和法律的特权"。①一是增强法治观念。尊崇和遵守宪法法律，做到在法治之下，而不是法治之外、更不是法治之上想问题、作决策、办事情。一方面，要适应时代变化，既改革不适应实践发展要求的体制机制、法律法规，又不断构建新的体制机制、法律法规，使各方面制度更加科学、更加完善，实现各项事务治理制度化、规范化、程序化。另一方面，要运用法治思维增强领导干部履职尽责科学性、预见性、主动性，增强法治观念适应法治方式、在法治化的环境中开展工作。二是把握法治界限。法治思维是一种界限论，所谓"界限"是指要正确看待法律的科学有限性。一方面，强调反对以言代法、以权压法、逐利违法、徇私枉法，而不是说一切社会关系均要由法律调整。另一方面，也要认同和规范多元，但强调法律的最高权威性，把工作和事业纳入法治轨道。三是坚持法治原则。习近平总书记指出："我们要把宪法教育作为党员干部教育的重要内容，使各级领导干部和国家机关工作人员掌握宪法的基本知识，树立忠于宪法、遵守宪法、维护宪法的自觉意识。"②加强宪法教育是增强法治思维能力的有效途径，遵守宪法原则是增强法治思维的重要遵循。社会主义法制因统一而有尊严，因有尊严而有权威，要把对法律的尊崇、对法律的敬畏转化成自己的思维方式和行为方式，切实维护社会主义法制的统一和尊严。坚持法律面前人人平等原则，任何组织或者个人都必须在宪法和法律范围内活动，享有宪法和法律规定的权利，同时平等地履行宪法和法律规定的义务。坚持法律面前人人平等，在适用法律时对于任何人的保护或者惩罚都是平等的。任何组织或者个人都不得有超越宪法和法律的特权，一切违反宪法和法律的行为都必须予以追究。

---

① 《习近平：任何组织个人都没有超越宪法和法律的特权》，人民网，2015年7月31日。

② 《习近平在首都各界纪念现行宪法公布施行30周年大会上的讲话》，人民网，2012年12月5日。

坚持提高底线思维能力

习近平总书记指出："要善于运用'底线思维'的方法，凡事从坏处准备，努力争取最好的结果，这样才能有备无患、遇事不慌，牢牢把握主动权。"①底线思维，就是从客观的角度出发，设定合理范围内的最低目标，争取最大期望值的思维能力。"生于忧患，死于安乐"，底线思维既是忧患意识的集中表现，同时也蕴含着超前意识与律己意识，体现了马克思唯物辩证法中量变与质变的原理、主观能动性与客观规律性的关系。回顾我党的百年奋斗历程，底线思维始终贯穿其中，是帮助我们战胜风险挑战，不断从胜利走向胜利的重要思想方法。持续提高底线思维能力，需要着力从三个方面进行强化。一是强化忧患意识，居安思危。"安而不忘危，存而不忘亡，治而不忘乱"，历史充分证明，越是形势大好的前景，越是千载难逢的机遇，越是需要我们提高忧患意识，在干事创业的过程中力戒盲目乐观，时刻做好最坏的打算。二是强化超前意识，未雨绸缪。习近平总书记要求我们："既要有防范风险的先手，也要有应对和化解风险挑战的高招；既要打好防范和抵御风险的有准备之战，也要打好化险为夷、转危为机的战略主动战。"②因此，谋事要有超前意识，要站在事物发展的前沿看待问题，做好预测预判，既要学会下"飞行棋"，更要学会下"先手棋"。要敢于冲破因循守旧的条条框框，破除惯性思维的约束掣肘，挣脱墨守成规的固有戒律，善于从全局的角度观察分析并处理问题，预见当前及今后可能发生的重大问题，积极在发展中抢占先机、拔得头筹，真正做到胸中有数、遇事不慌、沉着应对。三是强化律己意识，心存敬畏。习近平总书记指出："各级领导干部要牢固树立正确权力观，保持高尚精神追求，敬畏人民、敬畏组织、敬畏法纪，做到公正用权、依法用权、为民用权、廉洁用权，永葆共产党人拒腐蚀、永不沾的政治本

---

① 《习近平：提高解决改革发展基本问题的本领》，人民网，2016年5月12日。
② 《习近平：以时不我待只争朝夕的精神投入工作　开创新时代中国特色社会主义事业新局面》，新华社，2018年1月5日。

色。"①提高底线思维能力，不仅要求我们在干事创业时有所底线，更要求我们在做人立身时守住底线。在干事创业时有所底线，就是要敬畏党，敬畏组织，就是要敬畏法纪，这种觉悟既是每个党员干部提高底线思维的必修课，也是干成事创成业的压舱石。破一次规矩，就会留一个污点；搞一次特殊，就会减一分威信；谋一次私利，就会失一片民心。"心有所欲而不逾矩"者最自由，"严于律己"者最心安，只有能够控制欲望才能掌握事业和人生的航向。

党的二十大报告指出，当前，世界百年未有之大变局加速演进，我国改革发展稳定面临不少深层次矛盾躲不开、绕不过，我国发展进入战略机遇和风险挑战并存、不确定难预料因素增多的时期，各种"黑天鹅""灰犀牛"事件随时可能发生。面对风险挑战和全面建设社会主义现代化国家任务，必须不断提高具备领导现代化建设的核心能力，坚定不移走好中国特色社会主义道路，处理好新时代各项事业的均衡安全稳定发展，维护好人民群众根本利益，依靠顽强斗争打开事业发展新天地，不断夺取全面建设社会主义现代化国家新胜利！

（作者单位：珠海市政法委员会）

---

① 《习近平在庆祝中国共产党95周年大会上的讲话》，人民网，2016年7月2日。

牢牢把握珠海经济特区建设的根本遵循

◇ 朱力言

　　党的二十大系统谋划了全面建设社会主义现代化国家的中心任务、战略安排、重大原则和实践部署，指明了全面建设社会主义现代化国家的方向路径，为珠海在新时代新征程上推进改革开放、全面建设新时代中国特色社会主义现代化国际化经济特区提供了根本遵循和行动指南。我们要全面学习把握落实党的二十大精神，聚焦习近平总书记赋予珠海的使命任务，坚定朝着建设新时代中国特色社会主义现代化国际化经济特区的奋斗目标，不断增强政治自觉、思想自觉、行动自觉，把牢实践要求，紧扣"产业第一、交通提升、城市跨越、民生为要"工作总抓手，推动党的二十大精神在珠海落地落实，为全面建设社会主义现代化国家、全面推进中华民族伟大复兴作出珠海经济特区更大贡献。

深刻领会全面建设社会主义现代化国家的基本目标，不断增强新时代中国特色社会主义现代化国际化珠海经济特区建设的政治自觉

　　习近平总书记在党的二十大报告中指出："从现在起，中国共产党的中心任务就是团结带领全国各族人民全面建成社会主义现代化强国、实现第二个百年奋斗目标，以中国式现代化全面推进中华民族伟大复兴。"①全面建成社会主义现代化强国这一目标承载着全党全国各族人民的期盼，

———————

① 《习近平在中国共产党第二十次全国代表大会上的报告》，新华网，2022年10月25日。

展现了百年大党初心不改、矢志不渝的执着坚定，每位共产党员都要自觉肩负起历史使命和时代担当，为实现全面建成社会主义现代化强国目标而不懈奋斗。

珠海作为全国最早设立的经济特区，自诞生之日起，就肩负着为我国改革开放和现代化建设先行探路的历史使命，是体制改革的"试验田"，是对外开放的重要"窗口"。党的十八大以来，习近平总书记多次亲临珠海视察，亲自谋划、亲自部署、亲自推动粤港澳大湾区和横琴粤澳深度合作区建设，赋予了珠海在新征程上新的重大使命。聚焦全面建成社会主义现代化强国的目标，我们要牢记习近平总书记对珠海的厚望嘱托，始终沿着总书记指引的方向奋勇前进。要深入学习贯彻习近平新时代中国特色社会主义思想，把握好蕴含其中的世界观和方法论，坚持好、运用好贯穿其中的立场观点方法，为建设新时代中国特色社会主义现代化国际化经济特区提供科学理论指引和正确方法指导；要深刻认识"两个确立"的决定性意义，增强"四个意识"、坚定"四个自信"、做到"两个维护"，不断提高政治判断力、政治领悟力、政治执行力，始终同以习近平同志为核心的党中央保持高度一致；要深刻认识中国式现代化的丰富内涵、本质要求、重大原则，始终沿着全面建设社会主义现代化国家的目标，敢闯敢试、敢为人先、埋头苦干，率先建成新时代中国特色社会主义现代化国际化的珠海经济特区，为全国发展不断创造新鲜经验，展现改革开放重要窗口、试验平台、开拓者、实干家的政治自觉。

深刻领会全面建设社会主义现代化国家的战略安排，不断增强新时代中国特色社会主义现代化国际化珠海经济特区建设的思想自觉

现代化是一场广泛而深刻的社会变革，涉及各领域各方面，必须经历长期而有阶段的过程。党的十九大报告曾对全面建设社会主义现代化国家的步骤分两个阶段进行了部署。习近平总书记在党的二十大报告重申了全

面建设社会主义现代化国家的战略步骤："从二〇二〇年到二〇三五年基本实现社会主义现代化；从二〇三五年到本世纪中叶把我国建成富强民主文明和谐美丽的社会主义现代化强国。"①这一战略安排体现了现代化的过程性和阶段性。在此基础上，党的二十大提出了未来五年全面建设社会主义现代化国家开局起步的主要目标任务，并从综合国力、科技发展、经济发展、政治发展、文化发展、社会建设、生态文明建设、国家安全、国防和军队现代化等方面对到二〇三五年的总体目标作出具体厘定，勾勒了基本实现社会主义现代化的轮廓。这些战略安排使全面建设社会主义现代化国家的阶段性目标和部署更加清晰具体。

深谋远虑，方能行稳致远，根据不同历史时期具体特征逐步分解、有序推进，按步骤、分阶段实现社会主义现代化，是我们党领导人民不断探索中国式现代化道路的宝贵经验。我们要深刻理解全面建设社会主义现代化国家的战略安排，增强建设新时代中国特色社会主义现代化国际化经济特区的思想自觉，统筹推进各阶段性发展任务。力争到2025年，实现自主创新能力和现代化经济体系建设水平大幅提升，新的重要增长极作用凸显，公共服务水平和生态环境质量领先，深化改革扩大开放走在前列，支持澳门经济适度多元发展取得重要进展，建设现代化国际化、生态型智慧型宜居城市取得显著成效；到2035年，实现城市综合竞争力大幅提升，澳珠极点带动作用显著增强，建成民生幸福样板城市、知名生态文明城市和社会主义现代化国际化经济特区。

深刻领会全面建设社会主义现代化国家的重大原则，不断增强新时代中国特色社会主义现代化国际化珠海经济特区建设的行动自觉

全面建设社会主义现代化国家是一项伟大而艰巨的事业。党的二十大报告强调，前进道路上，必须牢牢把握以下五条重大原则："坚持和加强

---

① 《习近平在中国共产党第二十次全国代表大会上的报告》，新华网，2022年10月25日。

党的全面领导""坚持中国特色社会主义道路""坚持以人民为中心的发展思想""坚持深化改革开放""坚持发扬斗争精神"。这"五个坚持"的重大原则，涵盖了全面建设社会主义现代化国家的领导力量、道路选择，体现了中国式现代化的价值立场、动力源泉和精神风貌，是中国共产党在长期实践中得出的至关紧要的规律性认识的具体运用。

全面建设新时代中国特色社会主义现代化国际化珠海经济特区，前进道路上也一定会遭遇各种困难、风险、挑战。唯有坚持凝聚了我们党百年奋斗历史智慧的"五个坚持"重大原则，才能更好推动我们的伟大事业乘风破浪、行稳致远。我们要始终坚持和加强党的全面领导，深刻认识这是建设新时代中国特色社会主义现代化国际化经济特区的根本保证，珠海经济特区四十多年来之所以保持正确方向、取得巨大成就，正是因为有党对经济特区建设的全面领导，历史和现实都反复证明任何时候、任何情况下坚持和加强党的全面领导决不能动摇；始终坚持为中国特色社会主义探路先行的特区使命，不断深化对改革开放和社会主义现代化建设规律性认识，推动中国特色社会主义制度更加成熟更加定型；始终坚持增进民生福祉，让现代化建设成果更多更公平惠及全体市民，打造获得感成色更足、幸福感更可持续、安全感更有保障的样板城市；始终坚持全面深化改革扩大开放，着力破解深层次体制机制障碍，坚持深化对外开放合作，构建更高水平的全面开放新格局；始终坚持发扬斗争精神，面对新情况新问题新挑战，增强志气、骨气、底气，知难而进、迎难而上，全力战胜前进道路上各种困难和挑战，依靠顽强斗争打开新时代中国特色社会主义现代化国际化经济特区建设事业发展新天地。

深刻领会全面建设社会主义现代化国家的重大部署，牢牢把握新时代中国特色社会主义现代化国际化珠海经济特区建设的实践要求

党的二十大依据中国式现代化的发展规律，对全面建设社会主义现

代化国家作出加快构建新发展格局，着力推动高质量发展；实施科教兴国战略，强化现代化建设人才支撑；发展全过程人民民主，保障人民当家作主；坚持全面依法治国，推进法治中国建设；推进文化自信自强，铸就社会主义文化新辉煌；增进民生福祉，提高人民生活品质；推动绿色发展，促进人与自然和谐共生；推进国家安全体系和能力现代化，坚决维护国家安全和社会稳定；实现建军一百年奋斗目标，开创国防和军队现代化新局面；坚持和完善"一国两制"，推进祖国统一；促进世界和平与发展，推动构建人类命运共同体；坚定不移全面从严治党，深入推进新时代党的建设新的伟大工程等重大部署，指明了全面建设社会主义现代化国家的实践路径。

在新时代中国特色社会主义现代化国际化经济特区建设实践中，我们要深刻领悟全面建设社会主义现代化国家重大部署，坚持"产业第一、交通提升、城市跨越、民生为要"工作总抓手，举全市之力支持服务横琴粤澳深度合作区建设，以促进澳门经济适度多元发展为主线，在坚持和完善"一国两制"上展现新担当；用好管好港珠澳大桥，深化珠澳港合作，建设粤港澳大湾区重要门户枢纽；坚持制造业优先，不断完善产业链，构建产业集群，打造产业生态，建设产业大市；落实科教兴国战略，坚持教育优先发展，加强人才引领驱动，打造创新发展先行区；持续优化城市空间布局，做强城市交通功能，打造珠江口西岸核心城市；深化重点领域和关键环节改革，推进高水平制度型开放，在促进国内国际双循环中发挥重要支点作用，打造新发展格局重要节点城市；发挥经济特区立法权优势，夯实发展全过程人民民主制度基础，不断深化法治珠海建设；大力践行社会主义核心价值观，推动文化事业和文化产业繁荣发展；始终践行以人民为中心的发展思想，在发展中保障和改善民生，打造民生幸福样板城市；牢固树立绿水青山就是金山银山理念，厚植绿色生态优势，打造生态文明新典范；统筹发展与安全，立足"两个前沿"防范化解各领域重大风险；坚定不移推进全面从严治党，深入推进新时代党的建设新的伟大工程。

总之，党的二十大报告对全面建设社会主义现代化国家进行的前瞻性思考、全局性谋划、战略性布局，为新时代全面建设中国特色社会主义现代化国际化珠海经济特区提供了根本遵循。我们应不断增强政治自觉、思想自觉、行动自觉，把牢实践要求，坚毅自信、同心同德，埋头苦干、奋勇前进，为早日实现目标而团结奋斗。

（作者单位：中共珠海市委党史研究室）

实践篇

以产业第一为抓手推动高质量发展
努力让珠海成为广东经济新增长极

◇ 俞友康

习近平总书记在党的二十大报告中指出，高质量发展是全面建设社会主义现代化国家的首要任务。没有坚实的物质技术基础，就不可能全面建成社会主义现代化强国。坚持把发展经济的着力点放在实体经济上，推进新型工业化。这些重要论述为珠海进一步有的放矢地围绕"产业第一、交通提升、城市跨越、民生为要"工作总抓手，高水平建设新时代中国特色社会主义现代化国际化经济特区提供了根本遵循和行动指南。

一、发展质量是检验产业发展的重要标尺

随着中国特色社会主义进入新时代，以习近平同志为核心的党中央从我国社会主义市场经济运行的历史和现实出发，提出了系列新理念、新论断、新战略，我国经济由高速增长阶段转向高质量发展阶段就是其中之一，反映了经济发展到一定阶段必须从"量的积累"转向"质的提升"的一般规律。

衡量产业是否高质量发展的重要标尺主要体现在以下三个方面。

1. 是否贯彻了新发展理念。新发展理念涵盖创新、协调、绿色、开放、共享的理念，回答了关于发展的目的、动力、方式、路径等系列重大理论和实践问题。是否完整、准确、全面贯彻新发展理念，核心在于是否牢牢抓住了牵动经济社会发展全局的关键，是否科学把握持续健康发展的

内在要求，是否精准解决好人与自然和谐共生问题，是否顺应经济全球化潮流，是否让人民群众有更多获得感，并将这些要求贯穿于产业发展的全过程和各环节。

2. 是否构建了现代化产业体系。党的二十大报告指出，建设现代化产业体系。坚持把发展经济的着力点放在实体经济上。这关键在于产业布局是否优化、产业结构是否合理，产业规模是否持续不断壮大，创新驱动是否转型升级，是否坚持了质量第一、效益优先，有效推动经济发展质量变革、效率变革、动力变革，提高全要素生产率，增强了经济创新力和竞争力，在行业发展处于领先地位。

3. 是否形成了新发展格局。党的二十大报告指出，加快构建以国内大循环为主体、国内国际双循环相互促进的新发展格局。这关键在于是否培育了完整的内需体系、科技是否自立自强、产业链供应链是否优化升级、农业农村是否实现了现代化、是否提高了人民生活品质、是否牢牢守住了安全发展这条底线。

发展是执政兴国的第一要务。毋庸置疑，我国发展从"高速发展"到"高质量发展"，核心实质还是发展，是更高层次更高水平的发展。既是一以贯之始终坚持"发展是硬道理"的必然结果，又是新历史条件下的"升级版"，注入了新时代特色、新时代内涵，是对"发展"这一时代主题的升华。我们必须牢牢把握推进高质量发展的主题，加快建设制造强国、质量强国、航天强国、交通强国、网络强国、数字中国，在实现第二个百年奋斗目标和中华民族伟大复兴进程中创造高质量发展的新方案新经验新辉煌。

二、把党的二十大精神转化为珠海高质量发展强大动力

奋进新征程，怎样把党的二十大精神转化为推动珠海大发展大跨越的实际行动，实现高质量发展？在高质量发展上走到前列，作出示范，真正成为广东发展重要的增长极？就要深刻领会高质量发展的重大意义、丰富

内涵和实践要求，完整准确全面贯彻新发展理念，更加坚定推动珠海高质量发展迈出新的更大步伐。

（一）切实增强加快高质量发展的紧迫感和危机感

习近平总书记在2018年10月视察广东时，就特别强调要"加快珠海、汕头两个经济特区发展"。这些年来珠海发展综合平均增速低于全国、全省的平均水平。虽然高质量综合评价总体得分在全省排名靠前，但对照新发展理念的要求，对标广州、深圳、佛山、东莞等其他先进城市，部分二级指标评价得分仍然处于中下游，反映我市在实体经济投入、科技创新能力、协调发展水平、节能降耗及民生保障等方面仍有短板和差距。必须切实增强加快高质量发展、提升高质量发展水平的紧迫感和危机感，把实体经济特别是现代先进制造业做实做强做优，走出一条珠海高质量发展的特色之路。

（二）实施大项目特大项目带动高质量发展战略

实践证明，一个地方经济的发展，没有大项目、特大项目的支撑，总量要增大、实力要增强相当艰难。在实施追赶式发展战略下，重大项目建设对珠海加快高质量发展至关重要。当前，珠海有实施大项目带动战略的后发优势，良好的环境、特殊的区位、土地和漫长的海岸线等战略性资源，构成了珠海潜在的发展力和强大的区域核心竞争力。必须引进大项目、特大项目，有大项目才有大发展，况且大项目、特大项目的辐射带动作用特别明显，激活一方经济，是后发地区赶超发展的捷径。推进大项目建设是珠海优化产业结构和促进经济发展的重要动力，牢牢树立"工业立市""制造强市"理念，想方设法打造新一代信息技术、人工智能、生物技术、新能源、新材料、高端装备、绿色环保等一批新的增长引擎的骨干企业、核心企业和龙头企业，建立行业发展的话语权，进一步增强经济发展后劲，对全市经济跨越式健康发展发挥至关重要的促进作用。

（三）推动功能性区域高质量发展

党的二十大报告指出，深入实施区域协调发展战略、区域重大战略、主体功能区战略、新型城镇化战略，优化重大生产力布局，构建优势互补、高质量发展的区域经济布局和国土空间体系。珠海要顺势而为，谋划推进深珠合作示范区、伶仃洋（深珠）通道建设，构建区域经济发展新轴带，引领带动珠江口西岸都市圈发展。发挥好横琴粤澳深度合作区、保税区、高新区在高质量发展方面的应有作用——位置调整、政策叠加、功能整合、协同发展。特别是"双区联动"，珠海高新技术产业开发区主动对接横琴粤澳深度合作区，企业注册在横琴、生产基地在高新，大力发展新技术、新产业、新业态、新模式，全力扩大存量、做大增量，推动产业集群发展、集约发展、集聚发展，形成自主创新示范区和粤港澳大湾区建设新高地联动发展格局。

（四）推进四大高质量发展工程

推动高质量发展是一项系统工程，要协调推进各项工作，更要着力抓好重点工作，推进四大高质量发展重点工程，避免发展陷阱，克服路径依赖，实现弯道超车。

1. 大产业带动高质量大发展，新能源乘用车让珠海GDP迈上更高台阶不是梦。假如新能源汽车市场是100米赛道，目前车企刚刚起跑至10至20米距离，还有80—90米赛程，可谓是来日方长，还有机会加入竞争行列。不抢跑就完全没有机会，拼一拼也许会有一片新天地。支持澳门经济适度多元发展，联合澳门申请新能源乘用车生产资质，总部基地注册在横琴粤澳深度合作区，生产基地在珠海西部地区。市场定位三个"三分之一"：一部分是港澳、一部分是出口、一部分是国内的中高端客户。

2. 大基建带动高质量大发展，再造海上新香洲。充分利用丰富的海域资源，建设环港澳蓝色产业带；向大海要发展空间，专题研究唐家湾中珠排洪渠——九洲岛长30多公里、向外延伸10公里海域的综合开发利用，造路造地造景，以解决港珠澳大桥港车北上的人流车流在珠海扩散的空间承载、香洲城区市政功能空间不足、珠海发展高端服务业空间缺乏、港澳现代服务业转移空间补给问题，实现经济社会环境三赢。

3. 大枢纽带动珠海高质量大发展，临空经济区与临海经济区比翼齐飞、空港经济与海港经济齐头并进。打造区域枢纽机场和沿海主枢纽港。以珠海机场为载体发展临空经济，以高栏港为载体发展临海经济。把以珠海机场为平台的航空产业园申请创建国家级综合保税空港区，与高栏港综合保税港区形成互动。将两年一届的中国国际航空航天博览会的巨大潜能转化为做大珠海航空产业的强大动能，落实好省政府办公厅下发的关于成立广东省航空产业发展工作领导小组的通知精神，贯彻落实党中央、国务院及省委、省政府关于发展航空产业的决策部署，整合各方资源，推动建设重大项目，研究制定推动航空产业发展的政策措施，统筹推进区域航空产业发展。

4. 大合作带动珠海高质量大发展，为区域长远发展注入新动力。党的二十大报告指出，推进粤港澳大湾区建设，支持香港、澳门更好融入国家发展大局，为实现中华民族伟大复兴更好发挥作用。这是珠海责无旁贷的政治任务，也是珠海高质量发展重要外部推动力量。用好用活港珠澳大桥资源，充分发挥大桥"一桥连三地"、辐射粤西乃至大西南地区的轴带作用，加快建设粤港澳物流园，设立港珠澳大桥现代制造业产业园区，努力打造粤港澳大湾区重要门户枢纽。推动澳门国际机场与珠海金湾机场合并，易名澳门珠海国际机场，联通世界携手打造国际航空枢纽机场，让珠澳携手飞向远方。

（五）在操作路径上改革再改革

党的二十大报告指出，深入推进改革创新，坚定不移扩大开放，着力破解深层次体制机制障碍。这为珠海高质量发展推进各项改革创新指明了方向。

1. 牢固树立全市一盘棋的发展理念。全市"一盘棋"是一个既符合珠海当前经济与社会发展格局，又具有前瞻性与现实性的重大理念。珠海发展到今天，经济和社会有了长足进步，但在有些方面出现了失衡，影响和阻碍了珠海的再发展。中心城区首位度不高，带动力不强；城乡差距扩大的趋势还没有根本扭转；东西部还不能协同发展；各类社会资源配置不相称。全市"一盘棋"之"盘"，就是通盘考虑，把珠海作为"总体"来考虑，认清自己在全市的地位和作用，把自己这颗棋子用好用活。明确全市"一盘棋"的"盘"是怎样的，找到自己的位置和努力方向。当然全市"一盘棋"并不是全市一样化一体化模式化。

2. 改变遍地开花战术布局。在区域布局上，集中一定的人力物力财力，实行灵活的体制机制，加快某一区域的高质量发展。在产业布局上，改变工业项目布局遍地开花、多而不强的现状，以产业集群发展为抓手优化产业结构、强化区域经济增长内生动力。招商选资全市一盘棋，根据区域产业发展定位实施定向招商、补链招商、延链招商。

3. 摆脱房地产财政依赖。要高度关注固定资产投资结构的失衡问题。珠海对土地财政依赖超过100%。近几年，以房地产投资为主的固定资产投资增长较快，在拉动GDP增长中占比太高，制造业投资比例不高，实体经济投资比重小。珠海应转变投资结构，让经济增长从对房地产长期依赖较高的态势向靠实体经济拉动转变，以更大力度扶持实体经济发展，破壁拆墙、轻税减负，千方百计增加重大工业项目和重大现代服务业项目的投资力度。房地产招商引资不列入考核统计。

4. 全员动员实施市领导责任制。非常时期非常措施，某个区域的发展、某个产业的发展，实行市领导挂帅负责制，充分发挥市级领导干部抓部署、抓协调、抓落实、抓督办的关键作用。加强政策协调统筹机制建设，成立相应机构，克服政出多门、各自为政、各取所需的矛盾，出台市级领导干部包保重点、产业链"链长制"，进一步转作风优服务提效能持续优化营商环境，增强各级各部门靠前服务、助企纾困工作的主动性、能动性和创造性，助力企业高质量发展。

5. 对干部素质考核动真碰硬。高度关注干部知识结构满足不了高质量发展需要问题。百年未有之大变局、建设中国式现代化、实施产业基础再造工程和重大技术装备攻关工程、支持专精特新企业发展，推动制造业高端化、智能化、绿色化发展等等，对建设学习型党组织提出了新要求，干部知识结构转型升级比以往任何时候都更加迫切地摆在面前。每位干部都要增强学习的使命感和责任感，以正在做的事为中心，从最急需的知识学起，力争经过一个时期的努力，实现知识结构质的转变，用新知识、新理念为珠海高质量发展注入新动力，提供坚强保障。

（作者单位：珠海市委政策研究室）

增强信心　主动作为
珠海高质量发展正当其时

◇ 王梦阳

适逢"两个大局"交织激荡、"两个百年"历史交汇的关键时刻，中国共产党第二十次全国代表大会胜利召开，以世界性眼光擘画发展蓝图，以中国式现代化引领如虹征途，历史性谋划了新时代新征程党的中心任务，释放出中国发展道路的确定性，也为全球共同发展和人类未来注入了稳定性和正能量，指引着中国人民同世界人民携手共创人类文明新形态。珠海的实践与发展是粤港澳大湾区建设成就的精彩注脚，是国家改革开放的生动缩影。围绕贯彻落实党的二十大精神，珠海正乘着粤港澳大湾区、横琴粤澳深度合作区建设等重大机遇的东风，在高质量建设现代化国际化经济特区新征程上信心满满、蹄疾步稳、勇毅笃行。

一、珠海信心来自稳健的经济数据

珠海是我国最早成立的经济特区之一，改革开放以来，全国第一家"三来一补"企业在珠海建厂，全国第一家中外合作经营酒店在珠海成立，广大海内外客商纷纷到珠海投资兴业。2021年，全市实现本地生产总值（GDP）3881.75亿元，跃居全省第六位，经济规模增长超过1700倍，一般公共预算收入增长超过1400倍，成为珠三角地区发展空间最广、发展环境最好、发展政策最优的城市之一。

党的十八大以来，珠海牢牢把握高质量发展这个根本要求，从"数量追赶"转向"质量追赶",从"规模扩张"转向"结构优化",从"要素驱动"转向"创新驱动",推动经济发展实现质量变革、效率变革、动力变革。2018—2019年,珠海GDP总量先后超越江门、茂名、中山和湛江,在珠江口西岸经济影响力显著提升,2021年人均GDP达到15.79万元,位居全省第二、全国第四,达到高收入经济体标准。全市固定资产投资在2014年、2020年先后迈上1000亿元和2000亿元台阶,2021年社会消费零售品总额突破千亿大关,地方一般公共预算收入达到448.19亿元。

2022年,珠海市高效统筹疫情防控和经济社会发展,全市经济承压前行,"产业第一"势头强劲,前三季度全市GDP同比增长2.1%,实现三季度好于上半年的目标,增速全省排名第七位、珠三角第六位。1月至10月规模以上工业增加值增长8.9%,增速跃升全省第一;固定资产投资跌幅比上半年收窄7.0个百分点,其中工业投资实现高速增长64.9%,增速保持全省第一;社会消费品零售总额止跌回升,比上半年提高2.6个百分点,同比增长0.9%;外贸出口继续保持增长态势,增速为2.9%;全市金融机构存、贷款余额均突破万亿大关;七大支柱产业增加值完成884.63亿元,同比增长11.9%,占全市规模以上工业增加值的比重达80.9%;"4+3"产业集群中5个产业集群产值增速超过10%,科技创新不断进步,全社会研发经费占本地生产总值比重达3.26%,国家高新技术企业总数超2075家;"珠海英才计划"成效明显,人才净流入率位居全省前列;市场主体蓬勃发展,各类商事主体在疫情下依然保持增长3.5%。良好的经济运行态势展现了珠海经济特区作为改革开放前沿阵地的发展活力、韧性和底气。

二、珠海信心来自重大的发展机遇

彩虹与风雨共生,危机与机遇并存,越是困难的时候越要树立机遇意识。机遇不仅要善于发现和把握,还要善于创造,创造机遇是重要的本领。三年来面对新冠疫情和国际形势恶化的冲击,全市上下同心协力、共克时艰、积极作为、逆势而上,克服超预期因素不利影响,有力稳住经济大盘，全力以赴觅新机、广招商、扩投资、挖潜力、拓市场、谋发展。今天的珠海，囊括了国家级新区、自贸区、综保区、经开区、高新区、自创区、横琴粤澳深度合作区等政策叠加的荣耀，"集万千宠爱于一身"，重大机遇前所未有，战略地位前所未有，使命责任前所未有。

珠海拥有得天独厚的区位优势、资源优势、生态优势和政策优势，是改革开放的排头兵、创新发展的试验田。2019年2月，《粤港澳大湾区发展规划纲要》正式发布，赋予澳门—珠海极点"引领带动"重要使命，并明确提出支持珠海等城市充分发挥自身优势，深化改革创新，增强城市综合实力，形成特色鲜明、功能互补、具有竞争力的重要节点城市。2021年3月，《中共广东省委 广东省人民政府关于支持珠海建设新时代中国特色社会主义现代化国际化经济特区的意见》印发，支持珠海建设区域重要门户枢纽、新发展格局重要节点城市、创新发展先行区、生态文明新典范、民生幸福样板城市，珠海经济特区建设迎来崭新起点。2021年9月，横琴粤澳深度合作区挂牌成立，在横琴建设促进澳门经济适度多元发展的新平台、便利澳门居民生活就业的新空间、丰富"一国两制"实践的新示范、推动粤港澳大湾区建设的新高地，横琴开放开发进入全面实施、加快推进的新阶段。2022年5月，中共广东省第十三次党代会提出珠海要成为全省发展又一"重要引擎"，珠海进入"四区"叠加红利释放的战略机遇期。

改革如潮，每一次潮头高涌，都蓄积起澎湃的发展动能。围绕支持服务横琴粤澳深度合作区建设，技术、资本、人才、土地、数据和制度六大优质资源要素齐聚珠海，蓄势待发，正成为新一轮产业发展的核心驱动力。2022年11月，第十四届中国国际航空航天博览会在珠海成功举办，中国航展现已跻身世界五大航展之列，擦亮了珠海的国际品牌。全市现有各类商事主体超41万户，上市公司43家，格力电器进入世界500强，华发集团入选国务院国企改革"双百企业"，生物医药产业集群入选国家工程，集成电路设计产业规模位居全省第二，在"中国外贸百强城市"名单名列第五，具有了改革开放再出发的深厚基础。党的二十大后，时任市委书记的吕玉印在接受南方日报采访时指出，机遇当前，珠海将坚定扛起全力支持服务横琴粤澳深度合作区建设的政治责任，全方位融入环珠江口"黄金内湾"建设，促进珠江口东西两岸融合互动发展，加快提升城市辐射力、带动力、影响力，真正成为名副其实的珠江口西岸核心城市。

三、珠海信心来自坚实的城市基础

城乡建设日新月异。珠海一直坚持规划先行，优化城市空间布局，建成港口、机场、口岸、大桥、铁路、城轨、高速公路等一批重大交通基础设施，城乡面貌发生了翻天覆地的变化，珠海人多年来梦寐以求的一个个"命运工程"陆续实现。港珠澳大桥飞架三地，经贸新通道加快推进；洪鹤大桥、香海大桥、金琴快线、横琴二桥等骨干路网工程建成通车，全市高速公路通车里程已超198公里，"三横五纵"区域路网格局已形成；广珠铁路、广珠城际轨道建成通车，珠机城轨拱北至横琴段开通运营，高铁通达城市74个；珠海机场旅客吞吐量迈入千万级机场行列，通达城市89个，莲洲通用机场建成启用；高栏港货物吞吐量突破亿吨大关，江海铁等多式联运快速发展；拱北口岸发展成为全国最大的单一陆路旅客验放口岸，港珠澳大桥珠海口岸、横琴口岸、青茂口岸先后建成启用；金海大桥、珠海隧道、兴业快线以及黄茅海大桥正加快建设，深珠（伶仃洋）通道、广珠澳高铁、深中通道连接线、市域轨道环线等战略项目正加快推进规划谋划和前期工作，珠海的大交通格局已见雏形，成为珠江口西岸海陆空交通设施齐备和陆路直接连通港澳的唯一城市，成为粤港澳大湾区的交通枢纽。

城市功能品质持续提升。出台实施《珠海市新型城镇化规划（2021—2035年）》《关于支持珠海西部地区加快建设 打造高质量发展新引擎的意见》，统筹东西部区域协调发展，全面提升城市空间发展的平衡性，横琴岛和"洪保十"片区基础设施不断完善，香洲主城区服务功能品质提升，西部中心城区建设加快，高新区驶入创新发展"快车道"，海岛开发投入力度加大，海岛旅游实现快速发展。深入实施乡村振兴战略，斗门区获评全国休闲农业和乡村旅游示范区。不断擦亮民生幸福底色，12年免费教育惠及全市居民，5年新增公办幼儿园学位1.76万个、中小学学位7.18万个。中山大学珠海校区提升项目基本完成，北京师范大学珠海校区招生办学，北京师范大学－香港浸会大学联合国际学院（UIC）新校区投入使用，目前高校数量及在校大学生在省内仅次于广州，城市魅力和综合竞争力极大提升。2022年，"学校建设投资倍增"计划顺利推进，全年可新建成学校37所，新增高中学位3000个、义务教育学位2万个、幼儿园学位8000个。入选全国首批健康城市建设示范市，市人民医院成为省高水平医院建设单位，省人民医院珠海医院、市妇女儿童医院新院区投入使用，率先启动城市医疗联合体建设国家试点，镇街养老综合服务中心实现全覆盖，珠海市民的获得感、幸福感、安全感显著增强。

市容市貌明显改善。建成香山湖公园、海天公园、城市阳台、城市客厅等一批高品质公共休闲空间，新增香山云道、景山道等一批网红打卡点，珠海大剧院、博物馆、规划展览馆等成为城市文化新地标。以"绣花功夫"推进城市建设管理，改造提升拱北口岸、珠海大道、机场东路等一批城市重要节点，完成主城区道路"白改黑"和情侣路沿线沙滩修复工程，整体搬迁香洲渔港。"美丽中国"珠海实践扎实推进，打好污染防治攻坚战，空气质量稳居全国前列，完成前山河流域水环境综合治理一期工程。获评国家生态文明建设示范市、中国旅游休闲示范城市、中国最具幸福感城市，"青春之城、活力之都"魅力不断彰显。

四、珠海信心来自优良的营商环境

一直以来，珠海以风景优美的生态环境闻名世界，先后获得"国家园林城市""国家森林城市""中国优秀旅游城市"称号，有"浪漫之城"的美称。如今，珠海的营商环境又成了一张亮丽名片。2020年9月，珠海市人大常委会出台了《关于优化珠海市营商环境的决定》，营造高效便捷的商事登记环境、服务最优的政务服务环境、自主便利的投资环境、活力迸发的创新创业环境，打造企业"全生命周期"服务新模式，为企业创办、准入准营、投资置业、购地建厂、经营管理、登记变更等环节提供"打包服务"。在2022年全省营商环境评价中，珠海总分排名第五。

以简政放权"一子落"，推动市场发展"满盘活"。目前已取消200余项市级非行政许可审批事项，下放400余项行政管理事权到行政区（功能区）及工业园区，以最大限度激发市场和社会活力。全面推行开办企业"一网通办""一窗通办""一窗通取"新模式，将企业在开办过程中需要跑动的部门从5个减到1个，办理的环节从6项整合至1项，时间压缩至最快半天。总投资180亿元的高景太阳能大尺寸单晶硅片制造基地，从动工建设到投产，仅仅用了140天，跑出了落地投产"加速度"。

以信息技术手段，创新释放监管效能。汇数据、建模型、搭平台，一系列依靠大数据、信息化技术的管理手段，已成为企业"智慧监管"的日常。上线"企业信用风险分类管理系统"，推动以信用监管为基础的新型监管机制，根据不同风险类别确定不同的抽查比例，既保证必要的抽查覆盖面和监管效果，又防止任意检查和执法扰民。为诚信示范企业开设绿色通道，优化精简监管事项，优先受理项目申报、政府扶持资金申请、工程建设审批事项，不断擦亮诚信经营新底色。

以优质高效服务，便利企业生产经营。"企业有需求，政府马上办"，坚持企业与群众需求导向，努力提供精准服务。2021年4月出炉的《2020年广东省地方服务型政府建设系列调研报告》显示，珠海市2020年40项具体公共服务满意度排序中，供电服务满意度位居第一位。上线"政策一点通""政企通""政策雷达"等微信小程序，对全市各区、各部门涉企政策措施"一站式""一揽子"便利化集中辅导、集中推送。"政策雷达"入选《2021年中国政府网站绩效评估报告》优秀创新案例。

五、珠海信心来自"产业第一"新打法

多年来，珠海产业发展走出一条跨越式、生态型和个性化的不一样道路，但工业规模偏小、工业化程度较低的问题依然突出，产业集群、产业链、供应链和创新链建设依然落后，实体产业基础和辐射带动能力依然薄弱，从而造成城市能级量级提升缺乏坚实的产业支撑，城市开发建设、就业创业创新、人口繁荣发展的产业承载力不足，综合经济实力和体量裹足不前，在区域经济竞争中面临巨大压力。2021年12月，珠海市第九次党代会审时度势、旗帜鲜明提出了"产业第一、制造业优先"的新发展导向，推出了一系列打破常规、针对性强的创新举措，决心之大、力度之强、节奏之快前所未有，各类市场主体倍感振奋、备受鼓舞。

"产业第一"工作新机制不断健全。市委市政府成立了市招商委员会，并组建了市招商署，统筹协调指导全市招商引资工作。出台《关于坚持"产业第一"加快推动工业经济高质量发展的实施方案》，打出"1+5+3"政策组合拳，聚焦引龙头、促扩产、强配套、抓创新、保要素、优服务六大核心路径，制定了《珠海市大型产业集聚区建设实施方案》《关于建立重大先进制造业发展扶持奖励机制的工作方案》等系列细化方案，从全局统筹到落地实操，系统构建"十个一"产业工作新体系，逐步实现"一集群、一链主、一联盟、一招商目录、一项目清单、一基金群、一展会、一平台、一协会、一团队"的专业性全链条产业发展"新打法"，为产业发展注入新动能、新活力。

产业项目落户新平台不断完善。针对产业项目进入、落地、建设、运营的综合成本过高等产业发展的痛点，市委市政府踩准产业发展的时间点、摸准中小企业的青黄不接点、把准政府补位的发力点，把政府的服务、国企的担当和企业的发展、市场的优势结合起来，首创"低租金、高标准、规模化、配套全、运营优"的5.0产业新空间发展模式，2022年可建成近500万平方米，一批企业实现"拎机入驻"，最快从注册到投产仅用时5个月。建立完善产业项目用地保障机制，实施土地整备攻坚行动，整备产业"熟地"62块、面积近8000亩。推进实施"园区投入倍增"工程，5年投入500亿元用于改善园区配套，为招引"金凤凰"种好"梧桐树"。

产业发展新路径不断明晰。在深入开展产业调研，全面摸清全市产业底数的基础上，明确了聚焦做大新一代信息技术、新能源、集成电路、生物医药与健康四大主导产业，做强智能家电、装备制造、精细化工三大优势产业，超前布局合成生物、区块链、元宇宙、空天技术四大未来产业，加快构建现代产业发展格局，到2025年全市工业总产值突破1万亿元的目标。精准绘制了产业发展"全景图"、招商引资"索引图"、重点产业"补链图"、目标企业"作战图"。2022年以来，全市亿元以上在谈项目410个，意向投资总额5000亿元，新签约亿元以上产业项目474个、同比增长3.4倍，全年开工项目198个、竣工项目72个，为全市产业活力迸发夯实了基础。

没有什么比昨天更令人铭记，没有什么比明天更令人向往。回首既往，珠海经济特区用40多年的时间，写下了一个波澜壮阔的故事。展望未来，我们有信心、有决心在珠海建设新时代中国特色社会主义现代化国际化经济特区的豪迈征程中抒写更精彩、更闪亮的篇章，为全面建设中国式现代化国家、推进中华民族伟大复兴贡献珠海力量。

（作者单位：珠海市发展改革局）

以国有企业高质量发展
助力珠海建设现代化产业体系

◇ 祝　杰

营造现代化产业体系生态

历史和现实证明，高质量发展是迈向现代化的必由之路，而建设现代化产业体系是推动高质量发展的重要支撑和关键所在。

世界产业发展实践表明，产业集群是产业现代化发展的主要形态，是提升区域经济竞争力的内在要求，也是现代产业体系建设的主要内容。

当前，珠海正以信息技术、新能源、集成电路、生物医药与健康四大产业为主导产业，同时向智能家电、装备制造、精细化工三大优势产业集中用力，做大做强珠海"4+3"支柱产业集群。

国有企业是实体经济的骨干中坚，肩负产业报国、振兴实体经济的重大使命。培育布局战略性、前瞻性新兴产业，提升地区产业竞争力，是国企改革发展的长期任务。珠海构建现代化产业体系，国企应当发挥引领作用。

一是要在形成产业链、供应链中发挥引领作用。珠海国企要把高质量发展作为首要任务，积极把握广东省坚持制造业当家、推进科技创新强省建设等重大机遇，坚持实体经济为本，积极参与广东省"双十"战略性产业集群、珠海"4+3"支柱产业集群建设和全过程创新生态链打造，强化技术创新、产品创新、管理创新，走好"专精特新"发展之路，培育形成一批"引领型"未来产业与"强基型"未来产业，推动国有资本向前瞻性、战略性实体产业领域聚集。

二是要在增强产业链、供应链韧性和竞争力中发挥示范作用。珠海国企要强化勇挑重担、敢打头阵的责任担当，切实发挥主体支撑和融通带动作用，增强产业链供应链韧性和竞争力，率先当好高质量发展主力军，加强支撑要素的培育，形成以市场为导向、以企业为根本性创新中心的有机体系，推动珠海现代化产业体系建设迈上新台阶。

三是要在建立并完善与民营企业协同创新格局中发挥关键作用。珠海国企要紧紧抓住国企改革的重点领域关键环节，进一步释放国企内生动力、市场活力，加快国有企业混合所有制改革进程，提升自主创新能力，加快推动股权多元化，促进国有资本与民营资本优势互补，促进国企与民企之间协同创新、合作创新，强化国有企业创新骨干作用并激发民营企业创新活力。

推动"四链"深度融合

党的二十大明确提出，"加快实施创新驱动发展战略""加快实现高水平科技自立自强""强化企业科技创新主体地位""推动创新链产业链资金链人才链深度融合"。

推进"四链"深度融合，是加快实施创新驱动发展战略的关键举措。要围绕产业链部署创新链、围绕创新链完善资金链，强化创新链和产业链、创新链和服务链、创新链和资金链对接。

近年来，珠海国有企业成为了资本市场的一股重要力量。

2020年，珠海国资资产总量首破万亿大关。截至2022年10月，珠海13家市属国企总资产超1.15万亿，牢牢占据全省第三的位置，但在形成推动落地产业项目真正"扎根"的土壤，形成产业集聚效应和上下游联动效应方面，珠海国有企业还有很大的作为空间。

一是要打造"创新链"。珠海国企可以牵头与"大院大所"合作，组织开展产业共性关键技术研发，紧扣重大专项组织开展重点领域协同技术攻关。通过科技成果转化及产业化、科技资源共享服务，深化产学研结合，更好地把科技力量转化为产业竞争优势，增强产业链供应链的安全和韧性。

二是要夯实"产业链"。珠海国企要聚焦产业重点领域，将产业升级方向作为科技创新攻坚的主方向，围绕产业链部署创新链，形成产学研协同推进的新局面，系统构建具有显著区域竞争优势的新兴产业集群。要充分发挥国有资本和国有企业产业聚合能力的优势，引导创新资源向产业链上下游集聚，带动产业链、供应链上相关企业共同发展。

三是要延伸"资金链"。珠海国企可以通过"政府+国企"联合"资本招商"的有效模式，围绕重点产业"以投促引""以投促产""以引促育"，依托与现有社会资本方的合作，谋划组建产业基金，通过种子资金进行前期投入，带动招引一批高端产业项目，并为招商项目提供良好的资金渠道，为科技与产业循环提供资本支持。

四是要完善"人才链"。人才资源作为企业发展第一资源。珠海国企要健全进一步国有企业人才中长期发展机制，健全国有企业人才创新成效评价体系，营造国有企业人才发挥作用的环境，为科技与产业循环提供智力支撑。

提升园区综合承载能力

产业园区是珠海扩大工业投资、做大增量、优化存量最重要的载体，是珠海实体经济向上突围的主要阵地和增长引擎。珠海首创"5.0产业新空间"的概念，以支撑"产业强市"战略，提出2022年至2023年要统筹建设2000万平方米产业发展新空间，以破解产业空间不足的"卡脖子"问题。

一是建设一流产业集聚区。目前珠海由国企建设的5.0产业新空间较多，可以由国企牵头，按照产业高度聚焦、要素高度集中、功能高度整合的原则，学习借鉴苏州工业园区等国内先进工业园区的国际一流规划建设经验，精准布局园区主导产业，增强园区综合配套、产业配套和平台支撑功能，形成"一园一主导，一园一特色"的集聚发展优势，进一步做强支柱产业、做大新兴产业、塑造未来产业。

二是做好精准高效一流招商引资。聚焦产业发展方向和产业路径选择，大力开展产业链招商、以投促引、以商引商，引进一批具有龙头引领和造血强链功能的上下游重点产业项目，推动产业集群与地方产业体系形成对接，使国有企业成为产业链和创新链融合发展的重要载体。

三是打造重点园区一流综合配套能力。以园区为依托，拓展产业发展空间、强化产业承载力。加大园区配套基础设施投入，推动现有产业园区提质升级。完善不同园区的功能作用，除招商功能外，园区要为企业提供全面的附加值服务，包括融资、产业链整合、市场拓展、战略建议等，可打造"众创空间—孵化器—加速器—科技园"孵化体系，依托园区强化项目集聚、资源聚合能力和水平；以金融为纽带，通过前期租金、资金和技术入股等具体方式，为科技园区和新兴产业发展提供资金支持，同时分享产业发展红利。

探索粤澳深度合作的产业联动

横琴粤澳深度合作区是习近平总书记亲自谋划、亲自部署、亲自推动的重大国家战略。合作区有着制度设计的显著优势，是制度创新和政策创新的高地，对相关产业发展意味着巨大的空间。

利用好横琴这个重要平台，可赋能珠海产业的高质量发展。国企作为珠海支持服务横琴粤澳深度合作区建设的重要抓手，要紧紧围绕"四个新"战略定位、"四个新"重点任务，在促进澳门经济适度多元发展中发展壮大自身。

一是聚焦科技研发、高端制造、中医药、现代金融、文旅会展商贸等领域，紧密结合"澳门所需、珠海所能、国资所长"，积极打造"特色产业牵引工程""要素跨境流动工程""民生深度融合工程"，加强与澳门业界的联动。

二是探索"澳门平台+国际资源+横琴空间+成果共享"产业联动发展新模式，充分用好合作区释放的制度红利、区位红利，通过战略拓展、产业配套、空间预留、要素支撑等举措，推动产业链上下游企业落户横琴，助力澳门经济适度多元发展。

三是携手澳门不断拓展新空间、赢得新优势。加强与澳门离岸金融市场互动，积极推进广珠澳科技创新走廊建设，打造元宇宙产业等驱动区域产业的"新抓手"和"新引擎"，为粤港澳大湾区国际科技创新中心建设提供有力支撑。

党的二十大报告中明确未来五年主要目标任务包括"经济高质量发展取得新突破，科技自立自强能力显著提升，构建新发展格局和建设现代化经济体系取得重大进展"。[①]珠海在坚持实体经济为本、制造业当家基础上，加快把产业大市、产业强市的蓝图变成欣欣向荣的实景，高质量建设新时代中国特色社会主义现代化国际化经济特区，努力成为全省发展又一重要引擎和珠江口西岸核心城市。珠海国企始终是珠海国民经济"领头雁"、关键领域"压舱石"。对于国企而言，更应该把握新时代赋予的新机遇、新担当、新使命，担起服务城市发展的重任，为珠海跨越发展、破局突围作出新的更大贡献，这是对国有企业的基本要求，也是国有企业的使命担当。

（作者单位：珠海大横琴集团有限公司）

---

① 《习近平在中国共产党第二十次全国代表大会上的报告》，新华网，2022年10月25日。

珠海高质量城市跨越的空间举措

◇ 李　清　陈锦清

党的二十大报告指出，要加快构建新发展格局，着力推动高质量发展。作为我市"产业第一、交通提升、城市跨越、民生为要"工作总抓手之一，城市跨越着力于拉开城市框架、提升城市功能、协调均衡东西部区域发展，对于珠海构建发展新格局具有重要战略意义。

一、珠海城市跨越的现实需求

珠海大山大水的自然地理特征，决定了珠海城市空间拓展必须不断跨域自然山水。回顾珠海四十余年城市发展过程，就是一个城市空间不断跨越山水的过程：从特区建立时特区范围只有拱北和湾仔，到跨越板樟山发展香洲、新香洲地区，跨越凤凰山发展高新区，跨越前山河发展南屏、湾仔、洪保十地区，跨越马骝洲水道发展横琴岛……在不断跨越中城市不断壮大，上述很多地区也逐渐发展完善成熟，成为承载珠海经济社会民生的核心空间。

随着珠海发展壮大，跨越板樟山、前山河、马骝洲水道已成为过去，磨刀门以西的珠海西部地区三个特征决定了新发展阶段下珠海城市空间跨越必须是向西跨越。

一是区域性战略资源。空港、海港是珠海在珠江口西岸有比较优势的战略性资源，使珠海有条件成为国内国际双循环的枢纽门户。珠海中心站（鹤洲）进一步提升了西部地区地位和作用。

二是广阔的发展空间。西部地区陆域约占全市陆域面积的68.7%。

三是实体经济主战场。珠海主要工业园区在西部地区。西部地区拥有全市四大重点产业园区中的三个：航空产业园、珠海经济技术开发区（高栏港）、富山工业园。六个特色园区中的三个：联港工业园、新青工业园、斗门智能制造产业园。主要工业用地在西部地区——西部地区的一级工业用地控制线约占全市的60.4%，二级工业用地控制线约占全市的81.5%。

珠海必须向西跨越，才能充分发挥空港、海港、高铁枢纽等区域性基础设施的作用，支撑区域中心城市建设；西部地区需要生产性和生活性服务城区，支撑西部地区产业发展；东部城区空间已趋于饱和，西部地区发展逐步成势，城市空间向西拓展是当前最优选择。因此，向西跨越磨刀门，发展包括金湾、斗门、鹤洲在内的西部地区，建设西部中心城区，完善珠海东、西"双城"架构，加强"双城"联动融合，推进全市域协调发展，成为珠海提升城市能级量级，提高城市承载力和辐射力的现实需求。

二、珠海城市跨越的历史机遇

"四区"叠加和高铁建设，为珠海城市向西跨越提供了历史性机遇。城市发展壮大，使珠海达到了实现新跨越的能级门槛。

粤港澳大湾区建设作为重大国家战略，为湾区城市赋予协同解决发展挑战的区域合作平台。新时代中国特色社会主义现代化国际化经济特区的建设，让珠海奋力走在全面建设社会主义现代化国家新征程最前列。横琴粤澳深度合作区建设，将加快合作区周边地区（洪保十地区、鹤洲地区）发展，加快双港（金湾机场、高栏港）发展。自由贸易试验区的建设，使珠海的发展优势更加凸显。

在中共中央、国务院印发的《横琴粤澳深度合作区建设总体方案》，国家发改委批复的《粤港澳大湾区城际铁路建设规划》，广东省委、省政府发布的《关于支持珠海建设新时代中国特色社会主义现代化国际化经济特区的意见》等相关规划和要求指引下，未来珠海将规划建设4条高铁、6条城际铁路，打造"一主四辅"（珠海中心站［鹤洲］为主枢纽）的铁路枢纽格局。高铁建设将促进澳门进一步融入国家发展大局，城际铁路建设将促进珠海与湾区城市更加紧密融合，为珠海赢得新的发展机遇。

珠海不断发展壮大，城市加速跨越时机已然到来。一是经济能力不断增强：2021年珠海市GDP达到3881.8亿元。杭州向钱江新城跨越时（2001年）GDP约为1568亿元；苏州向苏州高新区跨越时（2002年）GDP约2080亿元；成都向"天府新区"跨越时（2007年）GDP约3324亿元。二是常住人口快速增长：2020年与2010年相比，珠海常住人口年均增长率为4.57%。三是通道建设提速：联系城市东西部的"八横"快速通道中，大部分已建成或在建。这些发展成果，为珠海城市跨越打下了坚实的基础。

作为城市运行的载体，科学规划的国土空间对城市运行效率提升起着重要的引领作用。回顾珠海四十余年城市向西跨越的历程，空间规划一直在其中发挥引领作用。1988年西区战略的提出，开启了市级规划对西部地区的统筹；1993版总规指引了空港、海港和珠海大道的建设；2003版总规安排了金湾、斗门两个区级城区建设；2015版总规提出将空港城与滨江城一体化统筹，在航空产业园核心区启动建设服务西部地区的综合型中心。

历版总体规划为西部地区发展奠定了良好基础：一是建成空港、海港、3条城市东西向快速通道等重大基础设施；二是成为珠海实体经济的主战场，已具备较为雄厚的产业基础。

三、珠海高质量城市跨越的空间举措

新时代背景下珠海高质量发展必定是以人民为中心、以生态为最大民生的发展，必定是魅力加实力的发展，建成的必定是生态文明发展的区域中心城市。当前珠海城市跨越拥有良好的外部机遇和内部条件，实现高质量城市跨越，国土空间可在以下方面开展工作：

（一）谋定城市跨越的空间格局

在全市国土空间总体规划中构建"一主一副，一特一优，若干组团"国土空间总体格局，理顺城市发展整体空间秩序，引导资源有序、高效投放，为城市跨越提前做出国土空间布局和重点建设区域的总体部署。"一主"是指东部中心城区，建设行政文化教育中心；"一副"是指西部中心城区，建设经济中心和产业交通物流中心；"一特"是指横琴粤澳深度合作区和"洪保十"地区，作为促进澳门经济适度多元发展的特别平台；"一优"是指唐家"未来科技城"，优化新技术、新产业，打造新引擎、新高地。"若干组团"是指外围产业组团，包括基本城市组团珠海经济技术开发区（南水镇、平沙镇）、富山工业园（乾务镇）、斗门镇、航空产业园（三灶镇）；邻里级配套的斗门智能制造产业园（白蕉镇）、斗门生态农业园（莲洲镇）、万山海洋开发试验区（万山镇、桂山镇、担杆镇）。

（二）厚植城市跨越的生态优势

坚持山水林田湖草沙海生命共同体的理念，科学划定永久基本农田、生态保护红线和城镇开发边界三条控制线，作为调整经济结构、规划产业发展、推进城镇化不可逾越的红线，营造集约高效的生产空间、宜居适度的生活空间、山清水秀的生态空间。

构建大生态空间体系，营造生物多样性的空间基础，建设风景区中的城市，在更高层面更宽领域探索生态文明新典范。进一步延续珠海组团型城市特色，坚持集约紧凑、功能混合、职住平衡、公交优先的发展模式，以山水林田湖草沙海为生态基底，以海洋文化为灵魂，以高快速路为主骨架，以基本城市组团为细胞，由轨道交通串联城市、片区、基本城市组团、邻里等四级中心，由绿道、碧道、古驿道串联城乡公园绿地、稳定耕地、永久基本农田、广场、旅游景点、历史文化遗产和民生公共服务设施，将永久基本农田融入城市的绿色中，塑造开发强度、建筑高度、人口密度高度协调，疏密有致、高低错落、尺度宜人的景观风貌，形成城市与自然高度融合、工作与休闲高度结合、交通与土地高度匹配的生态空间体系，打造将城市融在风景中的全域旅游城市。

引导城市公园与稳定耕地融合布局，大力发展都市农业，解决大量稳定耕地在城镇开发边界范围内"开天窗"的问题，提高生态效益，并提高居民生活水平。有序开展生态修复工作，对被破坏的海洋空间、山水空间、乡村空间、城镇空间进行生态修复。

（三）建设城市跨越的重点城区

集聚资源重点打造西部中心城区，按照国际理念和生态城市标准建设现代化国际化生态型的未来城区，形成经济中心和产业交通物流中心。针对西部地区缺乏成规模高品质的生产性和生活性公共服务设施，缺乏代表现代化城市形象标识区，金湾中心与斗门老城中心缺乏快速联系等短板，近期重点整合城市功能、完善设施配套、促进金湾斗门城区融合、打造标志空间，加快形成带动西部开发建设的良好态势。

发挥双港、港珠澳大桥、高铁、深中通道的带动作用，建设城市发展重要节点空间。洪保十地区和万山海洋开发区重点为合作区的联动发展区。唐家"未来科技城"重点打造深珠合作示范区，为打造深珠合作示范区预留充足空间。金湾航空城协同澳门差异化建设机场，争取开通国际口岸，推进机场扩容，打造复合型区域枢纽机场；积极发展现代航空产业和服务业，建设空港经济增长极。高栏海港城优化集疏运体系，为打造华南国际枢纽大港夯实基础；建设综合保税区，发展临港先进装备制造产业，建设国际物流基地、南海油气能源开发和服务保障基地，打造海港经济增长极。

（四）留足城市跨越的产业空间

通过工业控制线规划和相关实施细则，强化一级、二级工业用地控制线管控，保障工业用地发展规模，促进产业集聚发展，引导产业转型升级，预留产业未来发展空间。以"大集中，小集聚"的原则优化产业空间布局：对于富山工业园、高新技术开发区等大型园区采用新城模式建设，做好产业园周边基础设施及居住生活服务的配套，减少通勤出行量；在基本城市组团（新镇）内布局8%～12%的都市工业（研发类）用地，就近提供就业岗位。在各级中心体系中配置第三产业空间，促进生产性和生活性服务业发展。

构建"一带双核，岛群联动"的陆海空间格局，强化港口枢纽引领带动作用，壮大发展海洋产业与湾区海洋经济合作示范。预留双港地区和粤港澳大湾区超级枢纽港的发展空间。（"一带"：以海岸带为依托的陆海统筹发展带，串联高新区、香洲区、横琴粤澳深度合作区、鹤洲南地区、金湾区、珠海经济技术开发区的滨海空间，促进海陆生产、生活、生态空间深度融合发展。"双核"：珠海经济技术开发区发展极核、鹤洲片区－万山海洋开发试验区发展极核。依托高栏港、粤港澳大湾区超级枢纽港等重大基础设施及滨海休闲旅游岛群建设，做强海港枢纽对陆海联动及海洋经济发展的核心带动作用，打造具有国际竞争力的海洋高端装备制造基地和创新中心、南海油气资源勘探开发装备制造及后勤服务基地、国内知名、享誉全球的海岛休闲旅游度假胜地，建设粤港澳海洋经济合作先行区。）

以整体城市景观为基础，与澳门共建世界级旅游目的地。

（五）强化城市跨越的交通支撑

以高铁建设为契机，管好用好港珠澳大桥、积极对接深中通道、谋划深珠通道，提升双港直通国际，将珠海交通方向由"南北向"向"东西向"转变，交通地位由"交通末梢"向粤港澳大湾区"门户枢纽"转变，从区域面提升城市跨越的交通支持。

远期全市构建干线路网，支撑市域城市组团之间高效联动，实现中心城区30分钟可达，东西中心城区30分钟互达、市域60分钟全覆盖的时空目标。近期加快推进东西城区交通衔接。路网方面，在现状珠海大道、洪鹤大桥基础上，远期规划香海北路、环岛北路西延，实现东西城区5条高快速通道衔接，45分钟内可达；轨道方面，近期推进珠斗城际铁路，谋划东

西向城市轨道建设，实现东西城区30分钟互达。

积极推进深中通道连接线、港珠澳大桥西延线等战略通道规划建设，打造与城市、产业紧密衔接、高效联动的经济走廊、效率通廊、形象长廊。

按照"世界眼光、国际标准、珠海特色、高点定位"的要求，推进珠海中心站（鹤洲）枢纽及周边片区概念规划暨城市设计国际竞赛工作，面向全球征集"金点子"，以珠海中心站（鹤洲）枢纽及其周边片区开发为触媒性项目，带动鹤洲、斗门、金湾等地区发展，为城市跨越提供激活性动力。

（六）加强城市跨越的双城联动

城市跨越将全面拉开城市框架，对整个城市要素资源是一次难得的重新盘活的机会：对西部地区带来开发建设契机，对东部城区带来盘整可能空间。必须用好此契机，处理好西部地区新城开发与东部地区旧城更新的关系。加快推进新城建设，西部重点建设西部中心城区，集约发展、连片开发，完善综合配套，提升西部地区的服务品质和整体竞争力；东部重点建设科技城，承接深圳的产业外溢。有序实施旧城更新，香洲区旧改以解决民生重点为导向，优先选择公共服务配套压力较大的地区，增加公共设施、增加绿地，缓解香洲城区学位缺口大、交通拥堵等矛盾。

（七）开展城市跨越的土地经营

以规划经营城市的理念引导城市有序跨越。走外围包围核心的道路，储备控制核心区域用地，在核心区域的外围营造建设氛围，不断提升核心区域的价值，促进核心区域土地价值最大化。近期开发区域选择遵循三个原则：必要功能用地按时序发展，特殊功能用地按机遇发展；相对集中开发，维持发展连贯性，成熟一片、开发一片，依托城市开发成熟区域往外拓展发展空间；优先发展低成本高催化作用的项目（如公园绿地、学校等），带动周边土地价值提升，同时控制周边地区土地出让。

塑造混合共享的城市空间，建设紧凑城市。明确用地主导功能，实行用地功能弹性管控，布局综合功能用地，弹性应对城市发展需求，鼓励建筑功能、业态在水平和竖向空间上的复合，充分利用不同层高、位置带来的私密性、景观等差异，实现空间价值的最大化。

（八）提升城市跨越的安全韧性

构建现代化市政基础设施体系，提高城市综合承载能力。增强水资源战略储备，建成"多源"联动、"一网"调度的韧性供水格局。构建以新能源为主体的新型电力系统，提高电网受电、供电能力和供电可靠性。逐步构建结构合理、供需协调、安全可靠的燃气供应系统。

加强城市安全发展，提升综合防灾韧性能力。因地制宜实施生态防潮洪堤围提升工程，中心城区逐步建成200年一遇设防标准，应对海平面上升。强化蓄排平衡，增加调蓄、行泄、强排等能力，提升排水防涝能力。建立地质灾害在线监测预警平台，实施"一处一案"治理方案。建设"立体综合、全面覆盖、重点突出、响应及时"的5分钟消防救援圈。利用公园、绿地广场、体育场、学校等实现30分钟可达的避难圈。建设陆地、海洋、空中等天地一体的灾害监测预警体系，实现区域联防联控。

（九）打通城市跨越的区域阻碍

把握粤港澳大湾区建设契机，协同中山市政府共同编制协同发展规划、强化总体规划编制协同、推动交界详细规划协同、推动重要专项规划协同、加快交界地区产业合作、促进交通设施互联互通、强化生态保护协作发展、实现规划成果信息共享，打通因区域协作不足导致的城市跨越阻碍。协同中山在坦洲设立珠中特别合作区，共同承接港珠澳大桥和深中通道发展机遇，为城市高质量跨越提供助力。

时代是出卷人，我们是答卷人，人民是阅卷人。期待与大家共同努力，一起让珠海明天更美好！

（作者单位分别为：珠海市自然资源局、珠海市规划设计研究院）

以学习宣传贯彻党的二十大精神为统领
努力打造农业农村现代化的珠海样本

◇ 熊　翔

在农业农村现代化新征程中锚定珠海的目标定位

近年来，珠海市认真贯彻党中央国务院和省委省政府的各项"三农"工作决策部署，以实施乡村振兴战略为总抓手，先后出台了《关于全面推进乡村振兴加快农业农村现代化的实施方案》等政策文件，努力推动全市农业农村发展取得新成效。珠海连续三年在全省乡村振兴实绩考核中获评"优秀"，排名全省前列。已建成斗门白蕉海鲈、金湾黄立鱼、金湾特色水果园艺、斗门区休闲农业等6个现代农业产业园，努力构建"一区一园、一镇一业、一村一品"产业体系。农村人居环境整治取得较好成效，全面完成"三清三拆三整治"，斗门区、金湾区先后获评全国村庄清洁行动先进县，乡村治理改革稳步推进，全面开展巩固拓展脱贫攻坚成果和乡村振兴有效衔接，做好东西部协作和省内对口阳江、茂名驻镇帮镇扶村工作。2022年前三季度我市第一产业增加值38.57亿元，同比增长4.5%。但我市农业农村发展仍存在短板，离高质量发展存在不小差距，乡村振兴力度有待进一步加强：

一是我市农业产业规模较小，发展质量不高，产业链、供应链、价值链有待提升。2021年度全市农业产业总产值尚不到100亿元，一产增加值占全市GDP比例仅1.49%。一二三产融合层次低、仓储、冷链、物流、信息咨询等产业服务发展相对滞后，大多是停留在初级加工状态；农业龙头企业经营模式创新不够，产品附加值不高；具有本土特色的都市现代农业发展质量和综合效益不高，科技支撑不足，品牌竞争力不强。

二是我市农村基础设施建设仍有短板，城乡风貌提升尚有差距。西部农村和海岛地区水电气路网等乡村基础设施建设还滞后，农村人居环境基础设施管护机制欠完善，乡村道路路面硬化率不足，部分农村生活污水治理推进慢、五大"乡村风貌示范带"建设成效不显著，同江浙先进地区相比还有较大提升空间。

三是农村集体经济发展不平衡，群众内生动力不足、部分党组织作用不够突出。村集体经济组织收入渠道单一，主要依靠集体土地的发包和租赁，内生发展动力不足，缺乏自我造血功能，导致村集体经济收益不高。生产经营专业人才缺乏，本地青年人返乡创业少，农村"空心"化仍存在，乡村治理中部分基层党组织的作用发挥不够，乡村振兴中群众主体作用不突出，还存在"政府干，群众看"的情况。

四是在将珠海区位优势、海洋优势、特区优势转化为推进农业农村加快发展的优势上还可以更有作为。珠海地处粤港澳大湾区核心区域，在珠江西岸农产品物流集散和港澳产品供给通道上可以多做文章，珠海有着大湾区城市中最广阔的海域面积和为数众多的海岛港湾，洪湾渔港获评国家级中心渔港，但海洋渔业产值、产量占比太低，海洋渔业有较大提升空间。"四区叠加"历史性机遇中利用好特区立法权，在涉农立法上可以先行先试。

在推进珠海实施乡村振兴战略中体现新担当展现新作为

进一步提高政治站位，以党的二十大精神为统领，落实高质量发展部署要求，紧扣市委"产业第一、交通提升、城市跨越、民生为要"工作总抓手，把"全面推进乡村振兴"的目标任务落到实处，坚持农业农村优先发展，建设宜居宜业和美乡村，为农业农村现代化的生动实践打造珠海样本。

（一）突出"产业第一"总抓手，深入推动产业振兴

认真实施"百县千镇万村高质量发展工程"，按照市委"产业第一"要求做到"四个强"，推进乡村产业特色化、规模化、品牌化、数字化和融合化。一是"供给保障强"方面，粮食安全是党的二十大报告明确的底线任务，要推动落实粮食安全党政同责，坚决扛起粮食安全政治责任。加大种粮扶持力度，推进撂荒耕地复耕复种，完成高标准农田建设任务，调动农民和经营主体种粮积极性。要落实"菜篮子"市、区两级行政首长负责制，大力发展蔬菜科技大棚、深海养殖平台等设施农业，加快畜禽业结构调整优化，扶持建设一批市内外优质"菜篮子"基地。推行食用农产品承诺达标合格证制度，扎实推进白蕉海鲈等农产品质量安全监管，保障"菜篮子"农产品高质量生产供应。二是"科技装备强"方面，要加快以种业为重点的农业科技创新，大力培育良种基地建设；注重用现代物质条件装备农业，加快推进农业机械化、设施化。要探索与科研机构共同开展航天育种科技创新研究、示范推广、科普教育，打好种业翻身仗。三是"经营体系强"方面，进一步拓展涉农招商引资领域，制定更加优惠的政策，提供更加优良的服务，创造更加宽松的环境，大力培育发展新型农业经营主体，支持农业产业龙头企业、农民合作社、家庭农场做大做强。开展数字农业建设，推动数字赋能，积极推动"互联网+"农产品出村进城工程。四是"产业韧性强"方面，要以珠海本地农业农村资源为依托，以农民为主体，推动农村一二三产业融合发展。推动"村村有物业"试点，大力发展物业经济，提升集体经济效益。提升斗门白蕉海鲈产业园等现有6个现代农业产业园区建设，重点谋划创建万山海洋渔业产业园，以洪湾渔港集散物流、深海智能网箱养殖、冷链仓储加工等为建设重点，培育壮大海洋渔业产业这一新增长点。以白蕉海鲈、金湾黄立鱼特色产业为支柱，全力推进水产业补链强链延链。加大预制菜产业研发的政策支持，重点推进珠海斗门预制菜产业园建设，引进和培育一批大型精深加工企业，建好"中国海鲈预制菜之都"。

（二）加强"三农"干部队伍建设，深入推动人才振兴

加强党的政治建设，教育引导三农领域党员干部深刻领悟"两个确立"的决定性意义，增强"四个意识"、坚定"四个自信"、做到"两个维护"。贯彻落实中共中央办公厅、国务院办公厅印发的《关于加快推进乡村人才振兴的意见》，大力培养本土人才，引导城市人才下乡，推动专业人才服务乡村，吸引各类人才在乡村振兴中建功立业，依托农技"轻骑兵"服务机制，深入推行科技特派员制度。实施高素质农民培育计划、乡村产业振兴带头人培育"头雁项目"、"归雁计划"、乡村振兴青春建功行动、乡村振兴巾帼行动。培养乡村规划、设计、建设、管理专业人才和乡土人才。探索出台城市人才下乡服务乡村振兴的激励政策。要锻造堪当重任的"三农"干部队伍，增强广大党员干部斗争精神和斗争本领，激励干部敢于担当、善于作为，为推动"三农"工作提供坚强政治保证。

（三）提升乡村公共文化服务水平，深入推动文化振兴

要加强物质文化遗产的保护和利用，做好唐家湾镇历史文化名镇、会同村、南门村等传统村落文化遗产的修复、保护和利用；加大对三灶鹤舞、乾务飘色、斗门水上婚嫁、妈祖诞等非物质文化遗产及其传承人的保护培养；要继承挖掘珠海西部地区农耕文化和东部海岛海洋文化，深入挖掘优秀传统农耕文化、海洋文化蕴含的思想观念、人文精神、道德规范，赋予其新的时代内涵，弘扬主旋律和社会正气。要以构建完整的公共文化服务体系为抓手，加大对镇文化站、村文化室配套设施建设支持力度，大力实施文化进基层文明实践活动，丰富群众文化生活；要加强农村精神文明建设，同创建全国文明城市相结合深入开展文明村镇创建提质行动，不断提高乡村社会文明程度，推动村规民约修订，激发农村发展的内生动力和活力，大力培育文明乡风、良好家风、淳朴民风。要贯彻落实《关于推动文化产业赋能乡村振兴的意见》各项举措，通过创意设计赋能、演出产业赋能、音乐产业赋能、美术产业赋能、手工艺赋能、数字文化赋能、文

旅融合赋能，结合珠海各镇（街）文化资源禀赋，培育打造地方特色鲜明、文化内涵突出、一二三产业有机融合的文化业态。

（四）着力开展乡村建设，深入推动生态振兴

要高水平谋划推进生态文明建设，要抢抓地方政府专项债券资金投入机遇，谋划推动项目，补齐珠海农村道路、污水、垃圾治理、管道天然气、信息网络等短板，推进农村基础设施现代化建设。进一步强化村居风貌规划管理，"连线成片"统筹推动五个乡村振兴示范带建设，农村建设品质向精美农村跃升。要继续深入实施"农村人居环境整治提升五年行动"，持续开展清洁行动，用文化创意点亮乡村之美，进一步推广打造"四小园"小生态板块。要巩固农村厕所革命成果，切实提高农村改厕质量。鼓励充分利用珠海自然景观、乡土文化、特色美食等资源优势，推动"田园变公园、农房变客房、乡村变景区、劳作变体验"，通过珠海农村生态改善带动生产生活价值提升，大力推进市农业公园和乡村民宿业态打造，积极开展新一轮省级乡村旅游和休闲农业示范镇村（点）创建，促进产业融合，拓宽农民增收致富渠道。

（五）持续加强基层党组织建设，深入推动组织振兴

乡村振兴关键在党，中共中央办公厅、国务院办公厅印发《乡村振兴责任制实施办法》，进一步明确五级书记抓乡村振兴的乡村振兴工作机制，构建职责清晰、各负其责、合力推进的乡村振兴责任体系。要认真落实《乡村振兴责任制实施办法》，加强乡村振兴工作组织领导，深入开展"抓党建促乡村振兴示范区（镇）"创建工作，实现五级书记抓乡村振兴。紧紧围绕强化农村基层党组织领导地位这一主线，持续排查整顿"软弱涣散"村党组织，逐村建立台账，一村一策精准整顿，不断优化农村党组织设置、织密农村党组织体系、建强党的活动阵地，着力把农村基层党组织锻造成为坚强战斗堡垒。要选好用好乡村基层党组织带头人，选优配强村党支部书记队伍，形成一股核心力量，要以村级"两委"换届为

契机，开展"头雁队伍提升行动"，建设政治过硬、本领过硬、作风过硬的乡村振兴干部队伍。要让广大党员发挥好模范带头作用，创新推行"镇（街）领导驻点、党员联户"工作法，帮助解决村民实际困难、带动增收致富，在党员和群众之间架起"连心桥"。要规范利用好村"党群服务中心"这个平台载体，坚持人往基层走、钱往基层投、政策往基层倾斜，切实加强基层党建工作的人力、物力、财力支撑，确保让农村基层党组织有平台、有力量、有资源、有能力为群众服务。在党组织有力带领下，推动农村改革重点任务落实，稳慎推进斗门区全国农村宅基地制度改革和住宅类房屋专项整治试点，探索建立完善的宅基地管理制度。

党的二十大绘就了宏伟蓝图，吹响了前进号角。我们将更加紧密地团结在以习近平同志为核心的党中央周围，学习宣传贯彻党的二十大精神，牢记"国之大者"，敢闯敢干、敢为人先、埋头苦干，履行实施乡村振兴战略工作职责，促进"三农"工作再上新台阶，打造中国农业农村现代化的珠海样本，为珠海建设新时代中国特色社会主义现代化国际化经济特区作出新的更大贡献。

（作者单位：珠海市农业农村局）

深入学习贯彻党的二十大精神
探索高质量开展东西部协作的珠海实践

◇ 赵　亮

一、充分认识东西部协作的全局性、战略性、长期性

珠海市自2021年2月与遵义市确立协作关系以来，高度重视东西部协作工作，立足"遵义所需、珠海所能"和"珠海所需、遵义所能"，坚持高位谋划推动，建立健全高层联席会议制度，科学编制东西部协作工作规划，先后出台42份政策文件，形成上下协调联动、部门紧密配合的责任体系。同时，快速组建由23名干部组成的广东省粤黔协作工作队遵义工作组（以下简称"珠海驻遵义工作组"），第一时间进驻遵义，开展东西部协作工作。

珠海市5个区（功能区）、横琴粤澳深度合作区与遵义8个脱贫县（市）完成结对，实现帮扶全覆盖；在此基础上，珠海市不断拓宽结对帮扶领域，全面推进学校、医院、乡镇（街道）、村（社区）、村企、社会组织之间的结对工作。截至2022年底，珠海市49所学校、22家医院、24个镇（街道）、33个村（社区）、142家企业和59个社会组织与遵义市的59所学校、29家医院、34个乡镇及251个村进行了结对。

二、牢牢守住不发生规模性返贫的底线

珠海驻遵义工作组始终坚持把巩固拓展脱贫攻坚成果作为推进乡村

振兴的前提和基础，着力办好普惠性社会事业，织密防止规模性返贫安全网，确保"三保障"和饮水安全的保障水平持续巩固提升，为协作地区群众的生活安康托底。

一是普及优质医疗服务。聚焦协作地区乡村医疗卫生服务短板，积极推进优质医疗资源普惠共享，坚决守住防止因病返贫底线。珠海驻遵义工作组通过选派遵义当地急缺的医师到8个脱贫县（市）开展帮扶指导，以及借助遵义医科大学医疗资源，分两年为全市5000名乡村医生开展轮训等举措，切实提升基层医疗服务保障水平；通过建设"1+1+N"医共体（珠海市龙头医院+遵义市龙头医院+遵义市县医院、乡镇卫生院），连接东西部龙头医院优质资源，带动遵义8个脱贫县县乡两级医院、卫生院心、脑电诊疗技术水平提升；通过在脱贫县（市）新建村卫生室、改扩建卫生院，改善基层就医环境，缓解老百姓"看病难、看病贵、看病远"的问题。

二是弥补乡村教育短板。以人才培育为导向，通过选派珠海名师走进遵义校园，组团开展传、帮、带、教的"造血式"帮扶；通过举办两地线上线下教育交流培训，遴选遵义"金种子""影子校长"学员赴珠海学习等方式，进一步育强人才队伍，强化智力支持。以校园基建为抓手，通过体系化打造"五个未来"（"播"种未来、"唱"响未来、"圆"梦未来、"科"创未来、"职"向未来）教育协作特色品牌项目，帮助遵义全市166所学校改善办学条件、提升办学水平，为推动当地教育高质量发展注入强劲动力。

三是加强水利设施建设。立足遵义实际，谋划建设一批"打基础、利长远"的饮水安全巩固提升项目和农田水利工程项目，补齐协作地区水利短板，提升灾害防御能力，保障群众生产生活需求。如协助湄潭县西河镇治理排洪渠，保护沿线300余亩粮食作物的稳产增收；帮助务川县岩湾村建设自然能提水工程项目，保障当地2000余人的长期饮水安全；帮助赤水市元厚镇改造饮水工程，解决当地400余人季节性缺水难题；在务川县大坪街道黄洋村，投入协作资金655万元建设的自然能提水灌溉工程项目，日后也将有效解决黄洋村5个自然组1000余人的生活用水，同时为当地万余亩烤烟、花椒、辣椒等农作物的稳产增收提供"源泉保障"。珠海驻遵义工作组始终把解决好受灾群众和监测对象"三保障"和饮水安全问题作为工作重点，帮助受灾困难群众就近就业和转移就业，稳定家庭收入，购买"防贫保"，消除返贫致贫风险，全力筑牢因灾返贫"防火墙"。

四是深化重点县帮扶。按照政策重点倾斜、资金重点投入、人才重点支持、工作重点推进的"四个重点"思路，珠海驻遵义工作组加大对正安、务川两个国家乡村振兴重点帮扶县的扶持力度，进一步稳固脱贫基础。

五是做大消费协作量级。依托粤港澳大湾区市场优势，有力对接整合两市资源，积极搭好协作平台，做大做强龙头国企带动、供应链金融支撑、科技赋能、设计赋能、物流赋能、电商赋能等服务支持体系，提升消费协作的能级量级。截至2022年底，珠海市采购、帮助销售遵义市农畜牧产品和特色手工艺品已达37.72亿元。

下一步，珠海驻遵义工作组还将积极推动成立珠遵产业、消费协作企业联盟，搭建一个资源共享、信息互通、交流合作、产销对接的常态化沟通平台，常态化开展珠遵两地商贸交流对接活动，大力发展跨境电商，助力消费协作再升级，带动脱贫群众持续增收。

三、切实增强脱贫地区和脱贫群众内生发展动力

珠海驻遵义工作组聚焦工作重点，靶向精准发力，紧紧抓牢产业和就业"两个关键"，通过培育壮大首位产业、繁荣县域经济、加强技能培训、扩大群众就业等重要举措，增强脱贫地区和脱贫群众内生发展动力，为巩固拓展脱贫攻坚成果同乡村振兴有效衔接提供坚实支撑。

一是聚焦首位产业，加强全产业链建设。持续深化"广东总部+贵州基地""广东研发+贵州制造""广东企业+贵州资源""广东市场+贵州

产品"的"4+"合作模式，围绕"一县一业"特色优势产业，引进东部资源，支持遵义打造特色产业集群，大力推进茶叶、辣椒、竹子、花椒、食用菌、生态畜禽等产业规模化发展，帮助脱贫地区产业提质、扩量、增效，持续做大主导产业、做强传统产业、做优特色产业，为遵义市产业发展注入新活力。

对标广东省农业现代化的发展路径，倾力支持遵义市打造农业全产业链，增创现代农业发展新优势。如通过"三链融合"（做好基础设施畅通运输链，做靓精深加工疏通产业链，做强产销对接打通销售链）大力建设竹链条、发展竹经济，让遵义376万亩竹林产生更高价值。充分发挥"链主"企业的"头雁"效益，通过建设现代化标准厂房、精深加工厂、科研实验室等方式，不断拓展补强食用菌产业链条，助力道真县打造西南食用菌最大规模的全产业链集群。除传统农业外，珠海驻遵义工作组下一步将充分挖掘遵义资源禀赋优势，深化锂矿、铝土矿、页岩气的开发利用，加快将资源优势转化为发展优势；进一步加强两地国资国企交流合作，盘活存量资产，助力遵义国有资本和国有企业做强做优做大，促进国有资产保值增值；深化产业园区共建，加大产业转移力度，推动建设支撑产业协作的合作平台，助力遵义打造多个百亿级产业集群。

二是加强金融创新，助力企业跨越发展。珠海驻遵义工作组以黔牛产业为突破口，积极探索供应链金融贷款担保新模式，引进珠海国企汇华集团累计投入的1.2亿元黄牛采购循环资金，接上产业"断链"，解决"买牛难"的问题；帮助习水黔道食品打通产供销大动脉，成为"盒马鲜生"国产生鲜黄牛肉最大供应商和美团买菜国产黄牛肉独家供应商，助力更多的贵州黄牛肉走上百姓餐桌，推动当地黔牛产业年产值逐年跃升，带动黔农增收致富。2022年，又与黔道食品投资约5亿元建立西南地区大牲畜数字交易中心及牛羊肉精深加工厂，并协助赤水乌骨鸡等农产品走出贵州、走向全国。同时，为鼓励特色产业发展，珠海驻遵义工作组充分发挥资金杠杆作用，在湄潭、凤冈投入协作资金1500万元，撬动10倍金融活水，提供1.5亿元流动信贷资金为企业担保融资，帮助企业跨越发展，带动群众稳定增收。

三是深化劳务协作，促进群众稳岗就业。珠海驻遵义工作组每年投入4000万元发展劳务经济，做实"一县一企"农村劳动力稳岗就业基地共建，推动成立珠遵产业人才协作联盟，打造珠遵智慧劳务协作创新服务平台，促进实现精准对接、精确就业，开启珠遵劳务协作新篇章。持续开展劳务协作培训工作，目前已成功举办260期，培训农村劳动力8705人，其中脱贫劳动力2746人。坚持"以产定培、以需定培、以岗定培"，抓实职业教育。

四、稳步推进乡村建设打造宜居宜业和美乡村

宜居宜业和美乡村内涵十分丰富，涵盖物质文明和精神文明各个领域。珠海驻遵义工作组充分发挥文化在育民、惠民、富民方面的重要作用，启动实施"文化+"赋能乡村振兴计划，深入挖掘遵义红色资源，做强基层宣传文化阵地，开展"乡村振兴文化行"巡演，为遵义乡村振兴插上"文化翅膀"；同时借鉴珠海乡村建设经验，积极用好"项目、人才、结对、本地"四项资源，参与打造27个乡村振兴示范村。

五、推动区域协同发展促进共同富裕

促进区域协调发展，是实现全体人民共同富裕的现代化、全面建成社会主义现代化强国的必然要求与应有之义。开展东西部协作，本身就是党中央着眼全局作出的重大决策，是推动区域协调发展，实现共同富裕的重要举措。珠海市深入贯彻落实党的二十大精神，充分发挥资源互补的优势，积极抢抓战略机遇，加快构建"双循环"新发展格局。

一是顶层设计发力，谋划双赢蓝图。珠海市从顶层设计切入，推动区域经济发展及开放合作迈上新台阶。积极支持横琴粤澳深度合作区发挥自身位于"一国两制"交汇点的区位和制度优势，和正安县深化结对帮扶。

同时，借助横琴粤澳深度合作区平台，引导澳门社会各界深度参与东西部协作，帮助澳门更好地融入国家发展大局。

二是产业融合发展，区域协同加速。区域协调发展的重点是区域经济协调发展，其中产业融合发展、协同发展是关键。珠海驻遵义工作组按照1个市级共建园区为核心拓面，多点打造N园的"一核多点N园"园区共建思路，大力推进一二三产业融合发展，努力创建高质量产业园区。投入协作资金6000万元与遵义市共建粤黔协作珠遵产业园，点燃经济发展新引擎，园区名优特产品集散、精深加工、冷藏仓储物流、科技孵化器等功能不断拓展，集群效应正加速显现；围绕8个脱贫县（市）产业发展布局，加强珠遵双方在园区基础设施建设、运营管理、企业入驻、产业导入等方面深化经验交流，引导珠海市富山工业园、南屏科技工业园等园区与结对县园区共商共建；聚焦正安首位产业，珠澳携手，通过资金支持、项目援建、平台搭建、资源链接"四轮驱动"，助力打造中国吉他之都，2021年以来，依托横琴粤澳深度合作区平台，成功将26.7万把正安吉他推向葡语系和拉美国家，相关产品销售额达1553.6万美元。与此同时，珠海驻遵义工作组积极推动珠海港集团与遵义保税区及遵义陆海新通道运营公司开展合作，成立专班合力谋划推动粤黔班列"遵义号"常态化运营，打通合作"大动脉"，助力"西产东输""东产西进"，构建东西部产品流通双向循环体系。下一步，珠海驻遵义工作组将全力推进粤黔通道建设和陆海联运，帮助遵义拓展外贸业务，助力遵义开放型经济高质量发展。

珠海与遵义之间，虽然有着不同的发展步调、地域风格，但随着结对协作，特别是建立对口协作关系以来，两地的人文交流越来越频繁，合作成果越来越丰硕，人才交流越来越深入，社会参与持续升温，建立了紧密的全面合作关系。珠海市在遵义累计实施协作项目274个，动员社会各界捐赠资金（含捐物折款）1.18亿元，帮助8.65万名遵义农村劳动力实现就业，完成消费协作任务37.72亿元，累计引导118家企业到遵义市投资兴业，实际投资额60.31亿元。

跨越山海，共向未来。珠海驻遵义工作组将深入学习贯彻党的二十大

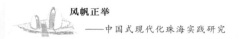
精神，以更高站位更大格局推进东西部协作工作，携手遵义打造新时代东西部协作的样板和典范，共同推进区域协调发展、促进实现共同富裕。

（作者单位：珠海市人民政府办公室）

深入学习贯彻习近平法治思想

——以新时代珠海法治建设实践为视角

◇ 李　元

伟大的时代孕育伟大理论，伟大理论引领伟大征程。党的十八大以来，习近平法治思想的创立，党的二十大报告多次提到"法治"，充分体现了党中央对全面依法治国的高度重视。学习贯彻好习近平法治思想，就要深切体悟其重大意义，吃透弄通其法治精神，深刻把握其核心要义与实践要求，自觉用于武装头脑、指导工作，不断开创珠海法治建设新局面，交出特区珠海靓丽"答卷"。

一、坚持党对全面依法治市的领导不断取得新成效

习近平总书记强调，党的领导是推进全面依法治国的根本保证。珠海坚持把党的领导贯穿全面依法治市各方面全过程。

1. 加强党对法治建设的领导。市委书记主持召开市委全面依法治市委员会会议、市委全面依法治市工作会议，市长定期听取法治政府建设年度报告，部署新时代全市法治建设工作。市委、市政府印发法治珠海、法治社会、法治政府五年规划，高规格描绘珠海法治建设"施工图""作战图"。

2. 健全完善党总揽全局、协调各方的法治工作运转机制。坚持党领导立法，在第三次市委全面依法治市委员会会议上研究人大立法计划，在第六次市委全面依法治市委员会会议审议政府规章立法计划。坚持党保证

执法，市委全面依法治市委员会印发法治政府建设"强基础、补短板"方案、依法行政要点。坚持党支持司法，市委依法治市办印发解决"执行难"方案。坚持党带头守法，实现常委会会议学习、全面依法治市工作会议学习、举办习近平法治思想培训班等方式，深入学习习近平法治思想。

3. 率先推进党政主要负责人述法工作。贯彻落实中办、国办和省委依法治省委员会要求，每年在市委全面依法治市委员会会议上，开展部分党政主要负责人履行推进法治建设第一责任人职责述职工作。珠海在2013年已全省率先开展口头述法试点工作，目前全市党政主要负责人的书面述法已实现全覆盖。

二、推动立良法促发展保善治不断取得新成效

习近平总书记强调，要积极推进重要领域立法，以良法善治保障新业态新模式健康发展。珠海积极推动立法与改革相衔接，及时回应社会关切，护航经济社会高质量发展。

1. 围绕粤澳深度合作提供法治保障。市人大常委会继续承担改革"先行军"的角色，在推动粤港澳三地规则衔接为全国提供更多的制度创新经验。《珠海国际仲裁院条例》建立全国第一家实行决策、执行和监督机构相互制衡衔接的常设仲裁机构，在国内法律体系中首次引入国际通行机制。修订《珠海经济特区科技创新促进条例》，促进珠港澳科技创新合作。积极参与《横琴粤澳深度合作区条例》草案初稿代拟稿的起草和修改，省内首次汇编250万字澳门法律制度参考资料。成立立法研究中心，聘请港澳机构作为立法顾问，加强珠澳立法协同。

2. 大力推进重要领域立法。先行先试推动出台商事登记条例、互联网租赁自行车管理办法、餐厨垃圾管理办法等特区法规规章81部，近30部为全国、全省"首部"，部分创制性制度为填补国家立法空白、打破制度坚冰提供了"珠海样本"。如，2022年6月1日起生效施行的《珠海经济特区工业用地控制线管理规定》，是全国首部专门规范工业用地控制线的地

方性法规；2022年12月1日起施行的《珠海经济特区规范政府投资建设工程发包与承包行为若干规定》，是全国首部专门规范政府投资建设工程发包与承包行为的地方性法规。

3. 强化规范性文件监督审查。出台《珠海市人民政府关于加强行政规范性文件制定和监督管理的实施意见》，助力提升全市文件制定水平。开展规范性文件新一轮全面清理。统筹推进镇街规范性文件监督管理，提升基层依法行政水平。开辟涉企规范性文件审查"快车道"。为市政府及各部门制发的适用性较为普遍的政策，在合作区予以转化或参照适用提供支持。

三、打造稳定公平透明可预期的法治化营商环境不断取得新成效

习近平总书记强调，行政执法工作面广量大，一头连着政府，一头连着群众，直接关系群众对党和政府的信任，对法治的信心。珠海作为第一批全国法治政府建设示范城市，坚持以广大人民群众和市场主体需求为导向，规范执法行为，创新执法方式，持续打造法治化营商环境。

1. 持续推进依法行政，法治政府建设结出新硕果。建立督察、反馈、整改、通报、督办"全链条"工作机制，推出法治政府建设创新实践案例库和全市十大项目，行政复议改革实践获"广东省首批法治政府建设示范项目"，聘任市政府第八届法律顾问，开展镇街综合执法试点。修订行政应诉规则，实现首次由副市长作为市政府负责人出庭应诉。行政复议"全城通办"，获评司法部"复议为民促和谐"专项行动表现突出单位。

2. 探索"云端政务"，建设一体化在线政务服务平台。全力推进数字政府各领域深度协同发展，让智慧城市触手可及。税务部门线上办税16类215项业务。在全省率先推行社会保险全链条业务"一窗通办"。审计部门打造在全省乃至全国具有创新示范意义的审计交互平台。市公安局推出多功能警务自助服务一体机，14项业务24小时随到随办。市司法局建成

"云端司法"大数据中心，获评全国"智慧司法创新案例"。

3. 对标对表、互促共建，持续优化营商环境。作为重点口岸城市，海关、边检、海事等部门合作，通关效率位居全国、全省前列。对标国际推出促进跨境贸易措施2.0版，推进澳门食品输入内地监管和通关便利化协作，大湾区组合港、"湾区一港通"模式提升物流效率。珠海市政府通过《珠海市优化口岸营商环境促进跨境贸易便利化工作方案（2021—2023）》。珠海被国家发改委评为25个营商环境便利度高的城市之一。

四、有效维护司法公正不断取得新成效

习近平总书记强调，公平正义是司法的灵魂和生命。珠海以高质量司法护航经济社会高质量发展，让群众切实感受到公平正义就在身边。

1. 推进分调裁审机制改革，优化司法资源配置。推进案件繁简分流机制建设，司法资源分配更加合理。灵活运用速裁快审机制，建立由诉前调解员记录的无争议事实记载机制和无异议方案认可机制；诉前专业调解对接诉讼，推动简案速裁快审；对涉外涉港澳台案件，构建"集中证据交换、集中排期开庭、当庭调解宣判"的速裁结案模式，维护跨境当事人合法权益。

2. 发挥检察公益诉讼职能，守护百姓美好生活。市人大常委会通过关于加强检察公益诉讼工作的决定。全省率先成立"珠海市公益诉讼检察指挥中心"，"绿水青山一张图系统"实时监测7部门资源环境变化趋势，提升调查取证能力，贡献公益检察力量。

3. 落实少捕慎诉慎押政策，强化人权司法保障。作为省试点，市检察院与市公安局成立"非羁押保障措施专责小组"，双组长模式推动降低审前羁押率工作。提前介入引导侦查机关降低呈捕率，制定社会危险性评估机制，加强羁押必要性审查，严格控制逮捕羁押，体现司法宽和与谦抑。

五、多层次多领域普法与依法治理不断取得新成效

1. 开展高质量普法服务、营造浓厚法治氛围。出台"八五"普法规划。加强法治乡村建设，实施村（社区）"法律明白人"培养工程。建成珠海市法治文化主题公园，深化特色"律道"品牌打造，推动粤港澳大湾区青少年宪法与基本法教育实践基地建设，组织第五届市国家机关"谁执法谁普法"履职报告评议活动。市司法局获评全国"七五"普法先进单位。

2. 全国首创新定位的涉外公共法律服务中心。2022年珠海市涉外公共法律服务中心改革为事业单位，由珠海市、合作区、省政府与澳门各界共商共建共享。该中心吸引成立了由132名珠澳律师、32名涉外公证员、233名珠澳调解员组成的法律服务团，澳门工会联合总会广东办事处等8家机构组织进驻，挂牌成立司法部培训基地、珠澳劳动者法律服务中心、珠澳民商事规则衔接研究中心等，在国内尚属首例。

3. 民生微实事推动治理手段方式升级。2021年2月4日，珠海市委、市政府出台《关于全面实施"民生微实事"的指导意见》，2021年全市民生微实事预算专项资金3.38亿元（含横琴），完成6521个项目。2022年重点围绕疫情防控、安全生产、"创文"三大领域，年度预算专项资金3.53亿元。市委依法治市办打造2022年七件法治实事项目，更好惠及广大人民群众。

4. 创新发展新时代珠海"枫桥经验"。2022年全市各级各类人民调解组织开展矛盾纠纷排查1613次，受理矛盾纠纷9090宗，调解成功率超99.58%。与横琴携手成立国内首家跨区域大调解协会珠海市调解协会，探索港澳籍调解员备案管理。珠海法院联动政府、群团组织、行业协会参与社会治理，构建诉源治理大格局，坚持和传承新时代"枫桥经验"。

（作者单位：中共珠海市委全面依法治市委员会）

让党旗在"一国两制"事业行稳致远的新征程上高高飘扬

◇ 黄　萃

　　"一国"原则愈坚固，"两制"优势愈彰显。党的二十大报告把坚持和完善"一国两制"，推进祖国统一作为重要内容，强调"一国两制"是中国特色社会主义的伟大创举，是香港、澳门回归后保持长期繁荣稳定的最佳制度安排，必须长期坚持。报告深刻总结"一国两制"实践特别是香港实现由乱到治的历史性成就，系统阐述坚持和完善"一国两制"的新理念新思想新战略，为台港澳工作提供了根本遵循，对新时代新征程更好发挥"一国两制"制度优势，促进港澳融入国家发展大局，推进祖国统一大业具有十分重要的意义。

一、坚持和加强党的领导，确保"一国两制"事业始终朝着正确的方向行稳致远

（一）党的领导是"一国两制"理论丰富和发展的根本保证

　　"一国两制"是中国特色社会主义制度创新的重要成果，是一项前无古人的开创性事业，在过往的人类政治实践中从未有过。20世纪80年代初，我们党以超凡的勇气和胆略提出"一国两制"伟大构想并首先成功运用于解决历史遗留的香港、澳门问题。在党的领导下，"一国两制"理论不断丰富和发展，特别是新时代以来，习近平总书记对"一国两制"

和台港澳工作提出一系列原创性的新理念新思想新战略，将我们党对"一国两制"的规律性认识提升到新高度。在以习近平同志为核心的党中央领导下，全面准确、坚定不移贯彻"一国两制"方针，落实中央对特别行政区全面管治权，落实"爱国者治港""爱国者治澳"，坚持依法治港治澳，全力支持港澳发展经济、改善民生、融入国家发展大局，确保香港、澳门保持长期稳定发展良好态势。同时，提出新时代解决台湾问题的总体方略促进两岸交流合作。历史不断证明，党创立"一国两制"制度是完全正确的、科学的。历史也将继续证明，党将继续带领我们不断丰富和发展"一国两制"理论体系，不断推动港澳长期繁荣稳定，促进祖国统一大业。

（二）党的领导是"一国两制"实践行稳致远的根本保证

对比党的十九大报告，党中央对"一国两制"制度的阐述更加强调长期坚持和坚定不移，更加强调落实"爱国者治港""爱国者治澳"，更加强调团结广大台湾同胞，坚定支持岛内爱国统一力量。这些理论变化都是在复杂严峻的斗争实践中汲取提炼出来的。特别是针对香港局势一度出现严峻局面，以习近平同志为核心的党中央审时度势，作出健全中央依照宪法和基本法对特别行政区行使全面管治权，制定香港国安法等一系列有力维护香港稳定的举措，开创香港由乱及治新局面，开启由治及兴新篇章。面对美国干涉台湾问题，民进党依美谋"独"等倒行逆施行为，党中央保持战略定力，坚决反制，牢牢把握了两岸关系主导权和主动权，赢得广大人民群众一片赞誉。实践不断证明，在党的领导下，"一国两制"事业不断取得胜利。实践也将继续证明，无论外部环境多么复杂多变，前进道路多么惊涛骇浪，有以习近平同志为核心的党中央的坚强领导，"一国两制"事业必将越走越好，越走越稳。

实践没有止境，理论创新也没有止境。我们党始终强调理论必须同实践相统一。在新的时代条件下，要深刻把握好习近平新时代中国特色社会主义思想的世界观和方法论，坚持好、运用好贯穿其中的立场观点方法，不断推进"一国两制"事业行稳致远。

二、夯实"一国两制"根基，久久为功，持续推动港澳更好融入国家发展大局

香港、澳门融入国家发展大局，是"一国两制"的应有之义。市委台港澳办始终牢牢把握港澳工作正确政治方向，在市委市政府领导下，以务实举措推动港澳更好融入国家发展大局。

（一）坚持以机制建设为统领，推动珠港澳合作向机制化、纵深化推进

建立健全涉港澳工作顶层设计，系统推进珠港澳融合发展，市委台港澳工作领导小组的成立，全面加强了党对台港澳工作的集中统一领导。市推进粤港澳大湾区建设领导小组增设便利港澳居民珠海发展专项小组，将便利港澳居民珠海发展与粤港澳大湾区建设统筹谋划，一体推进。珠澳合作会议机制不断完善优化，并适时调整新增工作小组，推动对澳合作体制机制向系统化、纵深化发展。

（二）以实施好便利港澳居民珠海发展各项措施为抓手，助力港澳融入国家发展大局

2021年，我市出台《便利港澳居民在珠海发展60项措施》；2022年，出台《港澳青年在珠海发展服务指南》，为港澳居民提供系统化、规范化政策指引。民生服务融合迈出坚实步伐，创新实施政务服务香港、澳门"跨境通办"，拓展不动产、税务、商事登记、社保、医保、社会民生等领域跨境办事场景，通过"网上办、移动办、可视办、专窗办"等多种便利举措，实现204项珠海政务服务事项在澳门可办；市政务服务大厅设立港澳服务窗口，进驻68项涉港澳服务事项，积极服务澳门企业在珠海创业、澳门居民在珠海生活。港澳居民社保医保政策享受珠海市民待遇。

产业合作不断走向深入，全市有港澳资企业近1.5万家，注册资本超600亿美元。

（三）以强化珠澳联防联控工作机制为支撑，高效统筹疫情防控和经济发展

新冠肺炎疫情发生以来，珠澳双方因时因势建立健全珠澳疫情联防联控工作机制，携手打赢多场疫情防控战役。两地多次召开市（司）长级联防联控工作会议，确保双方衔接顺畅，协同联动。特别是2022年以来，珠澳不断加强信息沟通、会商研判、应急协同，协力筑牢疫情防控屏障，珠澳联防联控工作取得较好成效，得到省主要领导和国务院港澳办、省港澳办等领导的肯定。在澳门"0619"疫情期间，我市组建600余人援澳核酸采样队伍，协助澳门开展疫情防控工作，彰显珠海担当，用实际行动诠释"一国两制"制度优势。

三、坚定"一国两制"制度自信，踔厉奋发，吹响"一国两制"事业发展的新号角

"一国两制"是中国特色社会主义的伟大创举，是香港、澳门回归后保持长期繁荣稳定的最佳制度安排，必须长期坚持。"和平统一、一国两制"方针是实现两岸统一的最佳方式，对两岸同胞和中华民族最有利。新征程上，台港澳工作者要坚定"一国两制"制度自信，怀抱梦想又脚踏实地，敢想敢为又善作善成，以务实有为的行动推动"一国两制"事业蓬勃发展。

（一）坚持党建和业务相融合，在推动我市台港澳工作取得新成效上扛起责任

台港澳工作是政治性很强的业务工作，也是业务性很强的政治工作，我们要深入学习贯彻落实党的二十大精神，牢牢把握丰富"一国两制"实

践新示范的使命，坚决担起服务"一国两制"的政治责任，围绕市委"产业第一、交通提升、城市跨越、民生为要"工作总抓手，把党建和业务协同推进，把学习宣传贯彻落实党的二十大精神的政治责任感和推动全市台港澳工作取得新成效、再上新台阶的使命感责任感内化于心，外化于行，办好粤港澳大湾区大学生就业实习双选会、珠澳合作发展论坛，落实好便利港澳居民在珠海发展的各项政策措施和"珠台52条"惠台政策，持续开展台港澳同胞国情体验活动，全面增强推动党建和业务工作深度融合的思想自觉、政治自觉和行动自觉。

（二）坚守促进澳门经济适度多元发展的初心，在支持服务横琴粤澳深度合作区建设上扛起责任

牢记横琴开发初心，紧紧围绕促进澳门经济适度多元发展这条主线，聚焦合作区建设"四个新"战略定位、"四个新"重点任务等要求，强化与合作区的政策协同、产业共建、软硬联通、民生融合，打造具有中国特色，彰显"一国两制"优势的区域开发示范。办好珠澳合作会议，强化与合作区体制机制对接和联动，统筹推进珠澳交流合作和融合发展。推动澳门、珠海、横琴三地公务人员交流，凝心聚力，做大做强"澳珠极点"建设。立足珠澳资源禀赋，发挥各自优势，探索产业联动发展新模式，全力支持澳门产业多元发展。

（三）坚持创新宣传宣讲，在讲好"一国两制"成功实践的故事上扛起责任

党的二十大报告指出："发展壮大爱国爱港爱澳力量，增强港澳同胞的爱国精神，形成更广泛的国内外支持'一国两制'的统一战线"，"坚持团结广大台湾同胞，坚定支持岛内爱国统一力量"。①珠海是改革开放的前沿阵地，与港澳地理位置相邻交接，中西文化碰撞交融，意识形态较

---

① 《习近平在中国共产党第二十次全国代表大会上的报告》，新华网，2022年10月25日。

量交锋，讲好"一国两制"成功实践故事责无旁贷。要发挥联系港澳的便利优势，创新开展珠台港澳交流与合作，精心组织各种宣介活动，用台港澳同胞听得懂的话语、喜闻乐见的方式解读好、宣介好党的二十大精神，特别是要将"一国两制"制度的正确性、科学性及伟大实践向广大台港澳同胞讲述好、传播好。

（作者单位：中共珠海市委台港澳工作办公室）

贯彻落实党的二十大精神
合作区如何更好支持澳门中小企业发展

◇ 张　旭

党的二十大报告明确提出，支持香港、澳门发展经济、改善民生、破解经济社会发展中的深层次矛盾和问题。推进粤港澳大湾区建设，支持香港、澳门更好融入国家发展大局，为实现中华民族伟大复兴更好发挥作用。

建设横琴粤澳深度合作区（以下简称"合作区"）是习近平总书记亲自谋划、亲自部署、亲自推动的重大国家战略。做好合作区开发开放，是深入实施《粤港澳大湾区发展规划纲要》的重点举措，是丰富"一国两制"实践的重大部署，是为澳门长远发展注入的重要动力。

长期以来，中小企业在澳门经济社会中占有举足轻重的地位，在促进澳门经济适度多元发展、维护社会稳定方面，一直发挥着十分重要的作用。澳门特区政府也十分重视中小企业发展，出台多项扶持政策及专项支持计划。

一方面，合作区建设为澳门中小企业提供了广阔的发展空间。澳门中小企业应把握机遇，加快提升自身市场竞争力。

另一方面，合作区还要进一步打造适合澳门中小企业发展的营商环境，提供良好的载体平台支撑，加大政策扶持力度，为澳门中小企业在合作区发展提供更多优质服务，激发澳门中小企业发展活力和动能，令澳门中小企业成为合作区促进澳门经济适度多元发展的重要支撑力量。

激发合作区澳门中小企业发展活力

在澳门企业中，中小企业占比达九成以上，提供的就业岗位超过总数的六成。澳门中小企业主要从事传统服务业，围绕民生服务和旅游服务两个方向，分布于批发零售、建筑工程、工商服务、餐饮酒店、个人服务等劳动密集型行业。

澳门回归祖国二十多年来，经济社会发展取得长足进步，成为中国与世界联系的主要窗口城市之一，澳门的服务业比重占地区生产总值的95%以上，产业体系具有典型的服务密集型特征，澳门中小企业在创造经济价值的同时，也创造社会价值，是澳门传统优秀商业文化的传承者，展现了澳门经济和产业发展的特点，呈现澳门商业社会独有的面貌。

加快澳门中小企业向合作区导入

澳门经济适度多元发展的过程，既是一个量变积累的过程，也是一个质变提升的过程，既包括产业规模方面量的增长，也包含发展内涵方面质的丰富。要将澳门中小企业作为重要的产业发展要素，在合作区新空间上加大扶持和培育力度，加快优质资源导入，加快打造粤港澳大湾区澳珠极点，向"集聚"要规模，向"裂变"要速度，最大化抵消疫情等因素的负面影响，促进澳门经济适度多元发展提质增速。

（一）量变拓维——拓展多元化发展空间

1. 市场拓展的空间范围扩大。合作区启动建设后，过去的澳门本地市场，拓展为澳门本地市场和合作区市场跨境连结的"1+1"模式，澳门中小企业的"本地"空间活动范围扩大了。同时通过澳门与合作区的深度合作，优势互补，能够发挥融合两制之利的特殊优势，更好连结国际、国内两个"大"市场，用好境内境外两种资源，创造和寻觅新商机。

2. 资源要素的聚集能力增强。国家给予合作区一系列特殊优惠政策。合作区与澳门优势叠加，随着琴澳深度合作态势持续深入，这种基于"一国两制"的新实践，令琴澳两地具有独特的发展优势和竞争力，将吸引国际、国内优质产业要素向琴澳两地集聚。

（二）质变升维——提供业态变革新动力

《横琴粤澳深度合作区建设总体方案》明确提出发展促进澳门经济适度多元的新产业，重点发展科技研发和高端制造产业，发展中医药等澳门品牌工业，发展文旅会展商贸产业，发展现代金融产业。从合作区重点发展的四大产业方向能够看出，合作区致力于构建有利于澳门经济适度多元发展的全链条产业体系。

澳门中小企业在合作区发展，应找准自身定位，与上下游企业建立良好合作关系，紧跟合作区产业整体创新发展步伐，探索新模式，推动业态变革，实现质变升维。一是运用加法思维，做足增量。要进一步优化营商环境，提升对优质产业发展资源的吸引力，加快优质产业发展资源导入，以澳资、澳企为主，吸收国际、国内优质资源，为澳门中小企业提供良好发展土壤，成为富含资源要素给养的产业发展"培养基"。二是运用乘法思维，用活变量。用投行思维做产业，精准发现产业风口和潜力赛道，引导资本投向高成长型项目，重点培育有潜力的种子项目，为源头创新和科研成果转化提供优质载体平台和综合服务配套，在澳门中小企业中培养一批"专精特新""小巨人""隐形冠军"企业，通过产业裂变，实现"以一搏十"的乘数增长效果。

弘扬"爱国爱澳"情怀，深植合作区沃土蓄势腾飞

（一）主动适应新环境变化，积极推动创新发展

澳门中小企业在合作区，一方面要坚定发展信心，另一方面，也要深刻理解澳门作为国际自由港，实施高度自由开放贸易政策的重大优势，

当前合作区与澳门在贸易规则、法律制度上均存在一定的差异，澳门中小企业应主动适应合作区发展新环境，加强对合作区政策的学习，在澳门原有发展基础和模式的基础上，注重创新转化，探索适应合作区环境的发展路径。澳门中小企业在合作区的发展是一个全新的学习过程，应弘扬开拓进取的创新精神，勇于学习新模式，探索新业态，拓展新实践，积累新经验。应加强与合作区企业沟通交流，学习已在合作区取得成绩的澳资企业的先进经验，找到适合自身发展的创新路径。

合作区应加强对澳门中小企业的指导和引导，灵活运用媒体资源加强政策解读，组织宣讲活动，印发办事手册等。开设专门服务、咨询窗口，设立代办员服务制度，进行"一对一"辅导服务，积极营造鼓励创新、包容创新、扶持创新、保障创新的发展环境，引导企业将创新精神贯穿产业发展全链条、各环节，形成"创意+创造""创新+创业""创投+创收"的活力生态，切实帮助澳门中小企业熟悉新环境，探索新路径、扎根新土壤。

（二）科技与品牌双重赋能，提高企业利润空间

党的二十大报告提出深入实施科教兴国战略、人才强国战略、创新驱动发展战略，开辟发展新领域新赛道，不断塑造发展新动能新优势。

专精特新的中小企业之所以能够创造更高的利润率，是因为能够在产业链条中居于上游位置，能够创造更多的附加值，具有两个方面的鲜明特征：一是科技竞争实力强，二是品牌运营效果好。由此可见，澳门中小企业未来在合作区的多元化发展，不仅是对澳门原有业态的延伸、规模的增长、市场份额的增加，同时还包含着科技附加值以及品牌附加值提升的双重探索，在原有产业赛道上，占据利润更高环节的有利位置，实现自身利润价值的最大化。

澳门中小企业一方面要立足原有的发展优势，利用合作区发展环境，扩大市场份额，守住自身发展的基本盘；另一方面要关注自身产业发展赛道的前沿变化，特别是关注科技创新成果的应用趋势，关注行业市场拓展

以及商业模式领域新变化，通过资本合作、市场合作等形式，创造科技增值，参与并分享科技创新红利。同时，澳门中小企业应注重自身品牌价值提升，建立品牌战略，尽快熟悉内地品牌营销及保护方面的政策，学习掌握运用新媒体手段推广品牌的技巧和方法，并在熟悉内地知识产权保护政策的基础上，妥善实施知识产权保护，提升公司自身的品牌、商誉等无形资产价值。

（三）保持传统发展优势，推动数字化转型升级

实体经济数字化、网络化、智能化已是大势所趋，越来越多的中小企业正加入数字化转型浪潮。工信部、财政部联合印发《关于开展财政支持中小企业数字化转型试点工作的通知》，提出分阶段遴选试点支持一批数字化公共服务平台，培育数字化转型样板企业。

当数字资产成为经济发展的要素时，人们对于区域经济发展认识的逻辑也将发生变化，首先数字资产不同于资本、人力、土地等生产要素，其对经济系统的促进作用不局限于区域内部，具有公共性、共享性和开放性的特征，在空间上分布于不同城市的两个企业可以产生数据关联，共享数字资产。同时，数字经济的发展已经从数字技术应用、商业价值开发过渡到了"数实"融合的发展新阶段，数字经济本身要找到自身的实体出路，实体经济也要找到自身的数字化出口，形成了"双向奔赴"的新局面。对于实体经济领域的中小企业而言，数字化转型既是当下的现实机遇，也是未来的大势所趋。在经历电商平台的繁荣发展后，消费者更加注重线下体验与线上支付同步消费，催生了"线上+线下"的新零售、新经济、新形态。

零售业、实体店是澳门中小企业的集中领域和传统业态，澳门中小企业拥有良好的实体经济资源，为数字化的转型提供了内容、蓄积了能量。目前在澳门已看到这一趋势和积极的变化。澳门本土APP正在不断涌现，资讯服务平台、第三方支付平台等平台正在开发运行。在电商"直播带货"的潮涌中，澳门正在积极加入直播电商行列。澳门特区政府及社团机

构正积极培育相关人才，由澳门直播协会发起成立的澳门直播服务中心也已正式揭牌。同时，应该看到，相较于内地较为成熟的数字经济体系，澳门物流仓储配套不足，电商品牌开发不足，没有形成网红产品系列，不适应"手机一划，货比千家""收藏一点，复购复选"的购物特点，尚未形成足够的电商声势和卖家优势。

合作区恰恰可以为澳门中小企业的数字化转型提供支撑。合作区可以将制度优势、税收优惠等政策整合进电商产品链条中，用澳门特色优势产品引领融通，完善生产、仓储配套体系，将澳门中小企业产品直接链入数字化产业链条，引进电商头部企业，运用资本杠杆，发挥国企优势，构建"大企业建平台、小企业用平台"的合作模式，提供"上云、用数、赋智"服务，激发澳门中小企业数字化活力。如果说内地较为完整的数字化产业链条是一条充满机遇的"金项链"，澳门中小企业的固有优势，例如宝石、服装、食品、化妆品正像一块璞玉，合作区正是可以将这块璞玉加工后，镶嵌于项链上的首选之地。

（四）强化价值创造思维，涵养企业文化内涵

树立价值创造思维，就是要思考企业的发展能够为客户、为社会创造哪些福利，价值创造思维有利于企业做好自身定位，谋划长远发展，作出独特贡献。澳门中小企业在合作区发展，既是一个"产值"创造的过程，也是一个"价值"创造的过程，应强化价值创造思维，将企业自身发展目标融入国家重大战略，在澳门经济多元发展的时代潮涌下，深植合作区机遇沃土，实现自身更好发展。

一是建设学习型的企业团队。合作区发展是一条持续推动制度创新的探索之路，澳门中小企业在合作区的发展也将是一个持续学习的动态过程，应打造一个学习型的管理团队，在学习中探索，在探索中进步。

二是追求长期价值增长目标。合作区设立至今，经历了一年多的发展，尚处于初期阶段，是一个相当新的发展平台，澳门中小企业在合作区发展，要有在新平台上做"老店"的长远规划和打算，持续追求价值增

值，不断积累科创实力，提升品牌价值，不断适应市场环境变化，提供优质产品和服务。

三是培育具有合作区特征的优秀企业文化。澳门中小企业在合作区发展，应传承澳门优秀商业文化，主动适应新时代、新形势、新要求，丰富企业发展的文化内涵，形成具有粤澳深度合作特色，体现融合两制之优势的区域商业文化，引领大湾区商业文明向前发展。

（作者单位：横琴粤澳深度合作区创新发展研究院）

推进港澳青年来珠跨境就业

◇ 吴伟东　温　悦

习近平总书记指出，要为港澳青年发展多搭台、多搭梯，帮助青年解决在学业、就业、创业等方面遇到的实际困难和问题，创造有利于青年成就人生梦想的社会环境。在党的二十大报告中，明确提到要"支持香港、澳门发展经济、改善民生、破解经济社会发展中的深层次矛盾和问题"。推进港澳青年前来珠海的跨境就业，是珠海贯彻落实党的二十大精神的一项重要工作，有助于缓解港澳青年所面临的就业困难问题。珠海市第九次党代会提出了"产业第一，制造业优先"作为工作总抓手。要推动和落实"产业第一"的工作部署，一项重点工作是吸引更多青年劳动者和青年人才来珠海就业和创业。港澳青年作为我国青年的重要组成部分，具有广阔的国际视野，能够与内地青年一起，共同推进珠海的产业发展。

一、面临的主要困难

第一，港澳地区现阶段经济发展水平强于珠海，劳动者薪酬待遇也明显高于珠海。依据澳门特区政府统计暨普查局的统计数据，2022年第二季度澳门总体就业人口的月收入中位数约为1.5万澳门元（折合人民币约1.3万元），而本地居民劳动者的月收入中位数是1.94万元澳门元（折合人民币约1.69万元），这是受疫情冲击显著下降后的收入水平。香港特区政府统计处的数据显示，2022年第一季度香港就业人口的每月工资中位数约为1.8万港元（折合人民币约1.6万元）。与此相比，珠海2021年城镇私营单位就业人员年平均工资7.5万元人民币（月均0.6万元），而城镇非私营单位就业人员年平均工资约12万元人民币（月均1万元）。二者均为税前工资，包含了个人所得税、社会保险基金和住房公积金、职业年金等个人缴纳部分。珠海与港澳地区的工资收入差距明显。目前的税收优惠政策以及就业补贴政策无法完全填补珠海和港澳之间的工资收入差距。

第二，港澳青年前往珠海就业，存在较高跨境通勤成本。这一成本将减少港澳青年的跨境就业收入，进一步拉大珠海与港澳地区的就业收入差距。"横琴—澳门跨境通勤专线"以及"澳车北上"政策的落地实施，在一定程度上应对了这个问题。但就目前而言，横琴粤澳深度合作区提供的跨境通勤专线班次有限，且在站点设置方面仍有继续优化的空间。同时，"澳车北上"政策暂时并不包括澳门的营运车辆。这些车辆在目前仍未被许可进入横琴粤澳深度合作区。对于澳门青年来说，澳门养车和停车成本较高，乘坐营运车辆进入横琴工作仍是主要通勤途径。从目前来看，他们进入横琴粤澳深度合作区仍不是非常便利，前往珠海等区域则更加困难。澳门青年前往横琴粤澳深度合作区或珠海工作，与前往大湾区其他内地城市相比并没有太多便捷之处，珠海并没有发挥出毗邻澳门的区位优势，其在大湾区的竞争力并没有得到最充分发挥。

第三，相当一部分港澳青年对珠海的产业发展缺乏了解。珠海面向港澳青年的宣传工作存在一定的短板。首先，在珠海接受高等教育的港澳青年人数十分有限，他们在校期间少有机会到珠海本地企业实习，无法直接获取关于珠海产业发展的直接经验，向在珠海的港澳学生宣传推介珠海产业本是易事，目前却难以达到以点扩面的效果。其次，对于在港澳本地就读或就业的港澳青年来说，对珠海还停留在旅游城市的认识层面。在大部分的时候，他们主要以消费者身份前往珠海的拱北、吉大等商圈进行休闲娱乐消费，对珠海的产业发展及相关就业机会缺乏认识。相当一部分澳门青年甚至对横琴粤澳深度合作区也并不了解。这一方面存在了解意愿不高的主观原因，另一方面也有跨境宣传途径和力度的问题。

二、政策建议

（一）完善港澳青年跨境就业的补贴政策

在劳动力市场薪酬待遇"同岗同酬"的基本原则下，为了填补工资差距而为港澳青年设立就业补贴，并不具备长期实施的基础，只能作为一项短期刺激措施。长远来看，可以结合港澳青年跨境就业的实际需求，考虑以跨境通勤补贴的方式替代现行的就业补贴方式。跨境通勤补贴的政策方案，不但充分考虑到港澳青年跨境通勤的开销问题，继续保持了对港澳青年前往珠海就业的经济激励，有助于弥补区域之间的实际工资收入差距，而且避免了港澳青年与内地青年"同工不同酬"的劳动收入不公平问题，有助于营造更好的职场环境和工作氛围，为他们在珠海长期发展打下更好的基础。

（二）进一步优化跨境通勤公共交通服务

建议有关部门研究增加"横琴—澳门跨境通勤专线"班次，增加服务站点，优化站点分布，同时做好跨境通勤专线与澳门本地公共交通线路的无缝对接，最大限度地实现跨境通勤公共交通服务的便捷性。在"澳车北上"政策落地后，推进"港车北上"实施，推进香港单牌车经过港珠澳大桥进入横琴粤澳深度合作区，探索和推进港澳的电召的士、出租车、公共巴士等单牌营运车辆入出横琴粤澳深度合作区，并在适当的时机在珠海更大范围内推广，给前来就业创业的港澳青年提供更加便捷的通勤服务，有效降低他们的时间成本。

（三）增强珠海宜居海滨城市的吸引力

与港澳广深等城市相比，现阶段珠海城市活力仍显不足，较难吸引青年人才。要突破这一瓶颈，一项十分关键的工作是要更加深入地挖掘珠海相对于港澳广深等城市的城市特质竞争力。优良的自然生态环境是珠海的城市特质。珠海一直以来都十分注重经济发展和环境保护的平衡，被普遍认为是国内最宜居的城市之一，多次排在"中国十佳宜居城市"榜首。过去几年，珠海先后获评国家生态文明建设示范市、国家森林城市、全国文明城市、全国健康城市建设示范市等，并先后五次获评中国最具幸福感城市。因此，珠海在继续发挥环澳国际化和区域性中心城市的跨区域功能，展现特区城市包容、开放、多元一体的文化特征同时，还可以更加突出作为海洋城市的浪漫诗意气质，以及作为生态友好城市、宜居宜游城市的幸福、休闲的生活气息。

珠海应继续挖掘生态宜居城市的品牌价值，为城市发展构建多元的主题文化，着力发展体验经济，吸引存在相应生活期许、追求职业与生活平衡的港澳青年前来工作生活。作为海滨旅游城市，珠海可以充分挖掘空间资源，发挥"百岛之市"的优势，举办足球、水球等海上海滨运动会，组织海岛主题游，让港澳青年体验捕鱼、赶海、织网、海产品制作等海滨城市的特色活动。可组织三地青年"红色+绿色"之旅，将桂山岛、淇澳岛等海岛的红色文化和绿色生态休闲资源结合起来，不但能够培养港澳青年的爱国情怀，强化他们回到内地就业创业的积极性，还可以促进港澳青年与珠海青年的交流互动，为他们在内地就业创业搭建良好的社交网络。

（四）加大面向港澳青年的宣传力度

随着"产业第一"政策的深入推进，港澳青年将有更多机会参与到珠海的社会经济发展中，珠海需要进一步优化面向港澳青年的宣传工作，破除产业发展和就业信息跨境流通的屏障，让港澳青年更加全面深入地了解珠海产业发展的现状和前景，从而激发他们前来珠海就业创业的意愿和动力。

面向港澳青年的宣传工作，可以更加充分地研究和结合港澳地区的经济社会特点。其中，澳门居民人口数量较少，居住较为集中，社团文化浓厚，现有社团上万个，是澳门居民获取信息和相互交流的重要渠道。其中，江门同乡会与内地联系紧密，在澳门社会有较大影响力；澳门青年学生组织中华学生联合总会，成立已超过70年，成员包括大学生和中学生等澳门青年群体。珠海可以加强与澳门相关社团的联系，搭建协作平台，通过澳门社团推进面向澳门青年的宣传工作。

香港人口规模相对更大，珠海一方面可通过香港珠海社团总会与香港相关社团建立关系，另一方面应使用香港青年常用的社交网络平台进行宣传，并在地域上有所侧重。目前深圳的城市吸引力相对珠海更有优势，香港青年总体上更加倾向于前往深圳就业，珠海可将宣传区域集中在港珠澳大桥香港连接点邻近区域，尤其是东涌地区。东涌地区是北大屿山新市镇的重要组成部分，近年来发展迅速，人口逐步增长，按相关规划预计可达约30万人。这一区域接近港珠澳大桥，在上下班通勤中最能体现香港与珠海陆路相连的地域优势，可以作为珠海面向香港青年开展产业发展和就业创业宣传活动的重点区域。

（作者单位：暨南大学）

弘扬改革开放精神与特区精神
续写珠海事业发展新篇章

◇ 朱思哲

习近平总书记在党的二十大报告中指出，新时代十年，改革开放和社会主义现代化建设深入推进，书写了经济快速发展和社会长期稳定两大奇迹新篇章；未来五年是全面建设社会主义现代化国家开局起步的关键时期，主要目标任务之一是：改革开放迈出新步伐，国家治理体系和治理能力现代化深入推进，社会主义市场经济体制更加完善，更高水平开放型经济新体制基本形成。

总书记在报告中还强调，要弘扬以伟大建党精神为源头的中国共产党人精神谱系；牢记空谈误国、实干兴邦，坚定信心、同心同德，埋头苦干、奋勇前进。

这些重要论述既是对中国特色社会主义建设规律的深刻把握，也是对新时代十年伟大变革宝贵经验的深刻总结，对全面建成社会主义现代化强国和全面推进中华民族伟大复兴具有重要现实意义，更为珠海续写新时代中国特色社会主义现代化国际化经济特区建设事业新篇章提供了科学指引。

珠海经济特区应改革开放而生，因改革开放而兴。在过去40多年的发展历程中，勇立潮头，艰苦创业，坚持改革，扩大开放，始终肩负着中国改革开放和现代化建设排头兵、先行地、试验区的职责使命。珠海人民参与创造、丰富和发展起来的改革开放精神、特区精神融入了城市血脉，已成为推动珠海事业发展的动能之源和宝贵的历史经验。

那么，究竟什么是改革开放精神、特区精神？这些精神从何而来？有着怎样的重要意义？

弘扬改革开放精神、特区精神是珠海继往开来的宝贵财富

地处祖国南海之滨的珠海，毗邻港澳。新中国成立之后，为巩固海防边防和发展渔农业生产，珠海县设立，经过不断探索和艰苦奋斗，建立起比较完善的县级人民政府与集体、国有经济体系。

1978年12月，党的十一届三中全会作出把党和国家工作中心转移到经济建设上来、实行改革开放的历史性决策，实现了具有深远意义的伟大转折。珠海也由此迎来崭新发展机遇。

1979年珠海撤县建市，1980年8月设立经济特区。经济特区成立后，珠海以"杀出一条血路"的气魄胆略，率先推动面向市场的经济改革，大胆尝试，首开"百万重奖科技人才"先河，开建中外合资的石景山酒店，创立首个跨境的珠澳工业区，举办中国国际航空航天博览会，首创土地管理"五个统一"模式……

事非经过不知难，成如容易却艰辛。一路走来，珠海先行先试勇尝"头啖汤"，展现了"摸着石头过河"的巨大勇气。

伟大实践孕育伟大精神。习近平总书记在庆祝海南建省办经济特区30周年大会上的讲话中强调，经济特区要勇于扛起历史责任，适应国内外形势新变化，按照国家发展新要求，顺应人民新期待，发扬敢闯敢试、敢为人先、埋头苦干的特区精神，始终站在改革开放最前沿，在各方面体制机制改革方面先行先试、大胆探索，为全国提供更多可复制可推广的经验。

上述讲话不仅对特区精神的内涵作了深刻阐述，而且明确了经济特区新的方位、新的战略定位。

实践铸就的"解放思想、实事求是，敢闯敢试、勇于创新，互利合作、命运与共"的改革开放精神与"敢闯敢试、敢为人先、埋头苦干"的特区精神，极大丰富了中华民族的精神内涵。2021年9月，改革开放精

神、特区精神一同列入党中央批准第一批公布的中国共产党人精神谱系。

在改革开放的深刻社会变革中，珠海经济特区一代又一代建设者同广大特区人、全国人民一道参与创造的改革开放精神和特区精神，赓续了珠海地区面向海洋、不拘一格、不畏艰险、渴求进步的历史传统，是改革开放和社会主义现代化建设的生动实践。"敢""闯""干"都是这两种精神最突出的特征和最核心的精髓。正是在党和国家的正确指引下，立足于区位优势，得益于思想解放、敢于尝试、勇于探索、以干为先，珠海才从昔日的边陲小镇发展成为现代化花园式海滨城市，生动诠释了中国特色社会主义不仅能建设得"快"，还能建设得"好"。珠海经济特区的发展成就充分展现了改革开放精神、特区精神的巨大力量，来之不易，值得我们倍加珍惜。

弘扬改革开放精神、特区精神是珠海新时代十年取得重大成就的新鲜经验

党的十八大以来，珠海以更加坚决的姿态、更加坚定的步伐，深入开展"思想大解放、作风大转变、效率大提升""大学习、深调研、真落实"等活动，重整行装再出发，吹响了经济特区"二次创业"加快发展的号角。

十年来，珠海坚持以习近平新时代中国特色社会主义思想为指导，深入贯彻落实习近平总书记对广东、珠海系列重要讲话和重要指示精神，全面贯彻落实党中央及省委各项决策部署。推动横琴粤澳深度合作区挂牌运作，举全市之力支持合作区建设，维护港澳长期繁荣稳定，支持港澳融入国家发展大局，不断丰富"一国两制"新实践；坚持立法创新，出台法治政府建设系列措施，制定粤港澳大湾区建设配套规范性文件，营造国际化法治化营商环境，为法治中国建设"探路"；全面深化改革纵深推进，出台自贸区、国资国企、跨境金融、商事制度、行政审批、民营经济、科技创新等改革举措，从根本上破除了制约经济高质量发展的体制机制障碍；

进一步拓展对外开放的广度和深度，提高开放型经济水平，把"引进来"和"走出去"更好结合起来，对外贸易取得新成就，与220多个国家和地区建立贸易关系，40多家世界500强企业在珠海投资兴业。

十年来，广大党员干部群众继续弘扬改革开放精神、特区精神，牢记嘱托，感恩奋进，攻坚克难，撸起袖子加油干，经济特区各项事业取得一系列重大成就。从2012年到2021年，规模以上企业实现工业总产值从3035.45亿元增加到5200.81亿元，地区生产总值从1503.81亿元增加到3881.75亿元，常住人口从158.2万人增加到246.67万人，城镇居民人均可支配收入从32978元增加到2021年的61390元。珠海先后获评"国家园林城市""国家环保模范城市""国家卫生城市""国家级生态示范区""中国优秀旅游城市""中国最具幸福感城市""国际改善居住环境最佳范例奖"……在一张张绚丽城市名片映衬下，珠海已然成为南海之滨极具吸引力的"青春之城、活力之都"。

十年来，新一代珠海经济特区人不断回应改革开放和特区建设进入新时代的新命题，坚定扛起新的历史责任，不断锤炼"精气神"，胸怀"国之大者"，改革不停顿，开放不止步，风雨兼程，始终践行改革开放精神、特区精神，不断赋予改革开放和特区建设新的时代内涵，推动珠海事业发展航船破浪前行。

弘扬改革开放精神、特区精神是珠海发展续写新篇章的制胜法宝

党的二十大报告明确，从现在起，中国共产党的中心任务就是团结带领全国各族人民全面建成社会主义现代化强国、实现第二个百年奋斗目标，以中国式现代化全面推进中华民族伟大复兴。

站在新起点上的珠海经济特区，开启了全面推进新时代中国特色社会主义现代化国际化经济特区建设新征程，改革开放和特区发展进入向纵深推进的攻坚期、构建更高水平全方位开放新格局的新阶段，责任重大，使

命光荣。

江海奔流不舍昼夜，潮平岸阔风正帆悬。唯有精神上站得住、站得稳，一个民族才能在历史洪流中屹立不倒、挺立潮头。习近平总书记在深圳经济特区建立40周年庆祝大会上的讲话中明确要求："在新起点上，经济特区广大干部群众要坚定不移贯彻落实党中央决策部署，永葆'闯'的精神、'创'的劲头、'干'的作风，努力续写更多'春天的故事'，努力创造让世界刮目相看的新的更大奇迹！"①

珠海市第九次党代会动员全市党员干部传承和弘扬改革开放精神、特区精神，始终敢闯敢试、敢为人先、埋头苦干。

传承弘扬改革开放精神、特区精神，全面推进新时代中国特色社会主义现代化国际化经济特区建设，要深刻领悟党的二十大对全面建成社会主义国家、全面推进中华民族伟大复兴的战略部署，坚持以习近平新时代中国特色社会主义思想为指导，深刻领悟"两个确立"的决定性意义，增强"四个意识"、坚定"四个自信"、做到"两个维护"，坚持改革开放是决定当代中国前途命运的制胜法宝和关键一招，坚信中国开放的大门只会越开越大；坚信党中央关于兴办经济特区的战略决策是完全正确的，经济特区不仅要继续办下去，而且要办得更好、办出水平。

传承弘扬改革开放精神、特区精神，全面推进新时代中国特色社会主义现代化国际化经济特区建设，要牢牢把握党的二十大确立的"五个坚持"重大原则，深化改革开放，深入推进改革创新，坚定不移扩大开放，着力破解深层次体制机制障碍，在不断彰显中国特色社会主义制度优势、不断增强社会主义现代化建设动力和活力上展现特区作为。着眼解决新时代改革开放和社会主义现代化建设的实际问题，以党的二十大精神作为统领珠海全部工作的总纲，锚定第二个百年奋斗目标，按照省委省政府部署要求，抢抓"四区"叠加重大机遇，紧扣"产业第一、交通提升、城市跨越、民生为要"工作总抓手，加快推进横琴粤澳深度合作区建设，高质量

---

① 《习近平在深圳经济特区建立40周年庆祝大会上的讲话》，人民网，2020年10月15日。

建设新时代中国特色社会主义现代化国际化经济特区。

传承弘扬改革开放精神、特区精神，全面推进新时代中国特色社会主义现代化国际化经济特区建设，更要迈开脚下步伐。机遇不等人，挑战不等人，时间不等人。空谈误国，实干兴邦。唯有做只争朝夕的实干家，拿出踏平坎坷成大道的精气神，一锤接着一锤敲，一件接着一件干，稳扎稳打向前进。

一个时代有一个时代的考题，一代人有一代人的使命。沿着党的二十大指引的方向，按照建设新时代中国特色社会主义现代化国际化经济特区的部署，依靠弘扬改革开放精神、特区精神，踔厉奋发、勇毅前行，珠海必将在中国式现代化道路上再续事业发展新篇章。

（作者单位：珠海市社会科学界联合会）

推进市民精神生活共同富裕

◇ 叶少苏

一、共同富裕，既包括物质生活的共同富裕，也包括精神生活的共同富裕

全体人民共同富裕的宏伟目标，既包括人们物质生活的共同富裕，也包括人们精神生活的共同富裕，缺少了精神生活富裕的共同富裕是狭隘的、片面的、不完整的。

长期以来，人们对共同富裕的概念相对熟悉，对物质生活富裕的提法也更加认同，但对精神生活共同富裕的新论断认知还不够，甚至有的人认为精神生活富裕可有可无。

这种现象的存在，是因为以往主要是从精神文明建设方面关注人的精神生活，提出精神生活共同富裕的表达时间还不算长。但事实上，人类对精神文化生活的需要无时无处不在。如今，社会主要矛盾已经转化为人民日益增长的美好生活需要和不平衡不充分的发展之间的矛盾，在全面建成小康社会目标如期实现的时代背景下，习近平总书记从新时代以来的基本国情出发，高瞻远瞩地提出了关于精神生活共同富裕的重要论断，回应了全体人民追求美好生活的共同心声。在全面建设社会主义现代化国家的新征程上，我们既要避免人们在物质财富上的两极分化，渐进实现物质生活共同富裕，同时也要着力避免人们在精神生活方面的两极分化，促进精神生活的共同富裕。

一个没有精神力量的民族难以自立自强，一项没有文化支撑的事业难

以持续长久。促进全体社会成员精神生活共同富裕，是新时代中国特色社会主义现代化强国建设的重要任务和必然选择，要强化社会主义核心价值观引领，加强爱国主义、集体主义、社会主义教育，发展公共文化事业，完善公共文化服务体系，不断满足人民群众多样化、多层次、多方面的精神文化需求；要加强促进包含精神生活富裕在内的共同富裕舆论引导，澄清各种模糊认识，防止急于求成和畏难情绪，为促进共同富裕提供良好舆论环境。

要把握好物质生活富裕和精神生活富裕的内在关系。正是由于物质生活的生产方式制约着整个社会生活、政治生活和精神生活的过程，因此不是人们的意识决定人们的存在，相反，是人们的社会存在决定人们的意识，所以我们常讲"仓廪实而知礼节，衣食足而知荣辱"。但同时，从人的自然属性与社会属性相统一的人性论出发，在肯定人的物质生活需要的客观性的同时，我们也强调人的精神生活需要的重要性，并把人的精神生活的丰富性视为社会主义和共产主义社会的重要特征。由此可见，物质生活富裕和精神生活富裕同等重要，缺一不可。但物质生活富裕和精神生活富裕既不能等同，也不能截然割裂，二者只有彼此紧密相连，相互促进，协调发展，才能体现其内在关系。物质生活富裕不可能替代精神生活富裕，同样精神生活富裕也不可能代替物质生活富裕。物质贫困不是社会主义，精神贫乏也不是社会主义。在实现物质生活向高质量跃升的同时，要不断丰富和充盈人们的精神世界。只有物质文明建设和精神文明建设都搞好，国家物质力量和精神力量都增强，全国各族人民物质生活和精神生活都改善，中国特色社会主义事业才能顺利向前推进。

二、市民物质富足、精神富有是现代化经济特区建设的新使命

新时代十年，珠海经济特区自觉践行"两个文明"协调发展的理念，把促进人民精神生活共同富裕摆在重要位置，发挥文化铸魂塑形功能。围

绕学习贯彻习近平总书记对广东、珠海系列重要讲话和重要指示批示精神，弘扬伟大建党精神，深入解读马克思主义中国化最新成果，以群众喜闻乐见的方式深入基层开展理论阐释，始终保持坚定正确的前进方向，为特区建设注入更为强大的精神动力、激发更为澎湃的文明力量。

珠海着力提升市民文明素养、弘扬时代新风，积极推进全国文明城市创建。着力建优拓广高品质精神食粮的供给，不断提升公共文化服务与管理水平，推动特区文化高质量发展。公共基础文化供给取得重大成果，文化强市建设呈现新气象，文化自信达到新高度。

一滴水里可以看见太阳。每当夕阳西下，老祠堂、榕树下、大海边，"珠海艺人"花样出圈，街头公益文化精彩纷呈、一张张"音乐专辑"、一款款"遇见你，珠海"文旅品牌吸引市民流连忘返。文化提升旅游的内涵和品位，使人们在领略"面朝大海，春暖花开"的自然美、文化美中感悟到生活美、心灵美。一系列让人民群众看得见、摸得着、真实可感的精神文化探索与实践，就是文化强国、广东省文化强省建设的一个生动缩影。

翻过一山，再攀一峰。随着物质生活水平的提高，市民对精神文化生活的需求日益增长。珠海市第九次党代会提出"加强文化强市建设，深入实施习近平新时代中国特色社会主义思想传播工程，加大力度推动文明城市建设，持续提高社会文明程度和市民文明素养"，集中体现了全局与一域、当前与长远、物质与精神的辩证统一和发展逻辑。

珠海经济特区成立40多年来，人民精神生活和文化事业都取得了长足发展和进步，但离人民群众对美好精神文化生活的向往还有差距。我市文化产业规模偏小，知名文化品牌不多，精神产品的创新创造能力有限，公民道德素养和社会文明程度有待进一步提高。

全面建设社会主义现代化国家，比以往任何时候都更加需要价值引领、文化滋养、精神支撑。珠海是改革开放的试验田，也是共同富裕的探路先锋。学习贯彻党的二十大精神，就要紧紧围绕举旗帜、聚民心、育新人、兴文化、展形象的使命任务，推动高质量发展。因此，我们要深刻认识精神文明和物质文明的辩证统一关系，越是物质充裕，越需要精神昂扬。深刻认识精神生活共同富裕的主要任务和原则方法，不断增强"两手抓，两手都要硬"的行动自觉，以先行示范标准推动物质与精神相协调发展。坚持系统思维，守正创新。塑造与珠海经济实力相匹配的文化优势，使市民精神生活充盈起来。

三、实现精神生活共同富裕的几个着力点

新起点上谋划物质富裕与精神富足，必须加强政治引领，深入学习、准确把握习近平总书记重要讲话的精神实质和实践要求。坚定理想信念，强化思想认同，大力弘扬特区精神。努力建优拓广优质精神文化产品的供给，推动珠海优秀传统文化创造性转换与创新性发展。

（一）加强理想信念教育

文明的进步没有止境，文化建设永远在路上。满足市民群众更高精神文化需求，激发凝聚市民群众精神力量，需要加强理想信念教育，弘扬伟大建党精神和中国共产党人的精神谱系，保护和利用好"红色三杰"等红色资源，赓续红色血脉，走好新的长征路。

（二）文明城市建设融入公民道德建设各方面、全过程

锚定新坐标，着力引导社会主义核心价值观浸润生活和日常呈现，营造珠海市民精神生活方式的"烟火气"氛围和日常化环境。坚持构建"全民参与、全域创建"的工作理念，将文明城市建设融入公民道德建设各方面、全过程。着力办好"民生微实事"，根治老旧小区遗留的"城市病"及管理顽疾，从源头上提升城市文明水平。紧盯"锻长板"奋勇争先，狠抓"补短板"查缺补漏，以文化人，成风化俗，不断丰富新时代文明实践中心的内涵。深化新时代文明实践中心—所—站—点"四级"联动，深入开展"文明瞬间""文明在身边"系列活动与主题实践，完善"15分钟志

愿服务圈"，礼遇"珠海好人"，不断提升市民道德水准和文明素养。

（三）加大优质精神文化产品的供给

文化自信是一个国家、一个民族发展中最基本、最深沉、最持久的力量。融会贯通珠海乃至粤港澳大湾区丰富多彩的人文元素，夯实文化根基，高水平建设文化强市。以守正创新的时代精神，加大文化产品与服务供给、优化资源配置，加快建成香山文化艺术中心等公共文化设施，合理布局文化馆、图书馆服务点，实现区、镇街、社区三级公共文化服务设施全覆盖，推进城乡公共文化服务体系建设，全方位提升服务水平，使全体市民共享改革发展成果和幸福美好生活。

加大文化品牌培育，实施高品质文化供给工程，不断提升公共文化管理水平。扶持具有核心竞争力的"文化航母"和"文化独角兽"，助推文化产业创新发展。加大文化艺术精品创作扶持力度，不断激发文艺工作者的创作活力，引导他们创作更多彰显时代气象、珠海风韵的扛鼎之作。坚持文产融合，以旅彰文，推进文旅深度融合发展，用文化提升珠海旅游的内涵和品位。加强珠澳文化交流交融，积极创建国家级全域旅游示范区。

（四）着力推动传统文化创造性转换与创新性发展

党的二十大报告提出："只有把马克思主义基本原理同中国具体实际相结合、同中华优秀传统文化相结合，坚持运用辩证唯物主义和历史唯物主义，才能正确回答时代和实践提出的重大问题，才能始终保持马克思主义的蓬勃生机和旺盛活力。"[1]

这是对历史的深刻总结，是对规律的深刻揭示，也是对未来理论发展的正确引领，代表了中国共产党人新的觉悟、新的认识高度，体现了中国共产党和中国人民强烈的文化自信与文化自觉。

珠海文化底蕴深厚，独具特色魅力。特区开放包容的文化特质是珠海

---

[1] 《习近平在中国共产党第二十次全国代表大会上的报告》，新华网，2022年10月25日。

的重要文化标识。岭南文化、海洋文化、创新文化相互激荡又形成了珠海人独具特色的精神气质。站在赓续中华文脉的高度继承优秀传统，不断推动优秀传统文化创造性转换与创新性发展。保护和传承"香山文化"，要加强唐家湾、斗门镇、南屏镇等古村落的保护，加强非遗项目活态传承，加快文化创意区建设，发扬古元等红色艺术家德艺双馨的精神品格，奋力打造区域文化新高地。

精神生活富裕的实现程度，影响着共同富裕的成色、底色和亮色。在新时代新征程的奋进之路上，我们既要实现仓廪实、衣食足，更要知礼节、明荣辱，只有人人参与共建共创共享精神家园，才能让精神生活共同富裕的道路越走越远，越走越宽。

（作者单位：珠海市香洲区社科联）

弘扬特色生态文化　携手共创绿美珠海

◇ 李立周

中华民族向来尊重自然、热爱自然、顺应自然、保护自然，绵延5000多年的中华文明孕育了丰富的生态文化。生态兴则文明兴，生态文化是生态文明建设的灵魂，和谐的生态文化是生产力发展、社会繁荣进步的重要标志。培育、弘扬生态文化，能够引领公民、社会崇尚自然、保护环境、促进资源永续利用，促进人与自然和谐发展。

习近平总书记在党的二十大报告中指出："中国式现代化是人与自然和谐共生的现代化。""尊重自然、顺应自然、保护自然，是全面建设社会主义现代化国家的内在要求。必须牢固树立和践行绿水青山就是金山银山的理念，站在人与自然和谐共生的高度谋划发展。"[1]

党的二十大报告中关于"推动绿色发展，促进人与自然和谐共生"的重要论述，是新时代新征程建设生态文明美丽中国的政治宣言和行动纲领。

党的十八大以来，珠海市污染治理力度加大，执法督查尺度严格，节能减排工作取得新突破，生态环境建设取得重大成果。深入学习贯彻党的二十大精神，培育、弘扬特色生态文化，对于珠海市建设"生态文明新典范"具有重要意义。

---

①　《习近平在中国共产党第二十次全国代表大会上的报告》，新华网，2022年10月25日。

生态文化体系的构成

生态文化体系主要由物质层生态文化、制度层生态文化和精神层生态文化三个层次组成。

物质层生态文化，是人类在环境保护和生态建设实践过程中创造出来的具有物质实体的文化事物，如反映生态建设的工具、器皿、服饰、建筑、展厅、博物馆、宣教中心、湿地公园、自然保护区等。物质层生态文化是生态文化的外显表征，凝聚着人们保护环境和建设生态的观念、需求和能力，是培育生态文化的物质具象和重要平台。

制度层生态文化，是人类在环境保护和生态建设实践中创造出来的法律法规、规章制度和行为规范，涉及环境保护和生态建设的基本国策、法律法规、政策举措和具体行动等。制度层生态文化是生态精神文化的载体，是生态精神文化得以贯彻的制度保证。

精神层生态文化，是人类在环境保护和生态建设实践中创造的思维方式、价值取向、意识形态等精神成果的总和，包括环境保护和生态建设的价值观念、发展理念、伦理道德等。精神层生态文化是生态文化的核心和旗帜，集中体现区域独特、鲜明的生态环境建设思想和风格，能够凝聚观念认同、增强价值共识、促进公众参与。

珠海生态环境建设成果丰硕

2022年2月，珠海市人民政府印发《珠海市生态环境保护暨生态文明建设"十四五"规划》，对"生态文化建设"提出了明确要求，如增强全社会生态环保意识，擦亮特区生态文化品牌，在全社会积极倡导人与自然和谐共生理念，大力弘扬以广府文化为主体的特区生态文化；将生态文明纳入党政领导干部培训和中小学、高校国民教育体系；提升公众生态环境素养，积极推进环境教育基地创建，壮大自然教育志愿者队伍；持续开展生态环保宣教活动，动员社会各界积极参与生态环境保护实践等。

随着生态环境保护和建设工作的深入推进，珠海市取得了丰富的生态环境建设成果，形成了全新的生态环境建设模式，积淀了特色的生态文化体系。

一是物质层生态文化亮点突出、区域领先。珠海市城乡人居环境大幅改善，建成丰富多元的标志性生态景观。生态环境教育基地建设理念新颖、成绩突出。

二是制度层生态文化体系完善、效果良好。珠海出台了较为系统的环境保护和生态建设的制度体系。例如，《珠海市环境保护条例》《珠海市服务业环境管理条例》《珠海市生态环境保护暨生态文明建设"十四五"规划》《珠海市海洋生态环境保护"十四五"规划》等重要规章制度。严格环境行政执法，将国家、广东省、珠海市的环境公共政策和各项环境治理举措落到实处，取得了良好的环境保护和生态建设效果。

三是精神层生态文化深入人心、品牌彰显。

"绿美珠海"建设依然任重道远

满足人民群众日益增长的对优美生态环境的需要，增强人民群众生态环境安全感、获得感、幸福感是生态文明建设的最终目标。"绿美珠海"建设依然任重道远，需要持之以恒，久久为功。

一是需要持续开展生态建设工程，积累生态环境资产。保护和建设生态环境，是实现珠海经济社会可持续发展的重要基础。珠海生态环境建设应当坚持统筹规划、突出重点、量力而行、分步实施的原则，持续开展水利设施建设、绿色交通建设、城市景观建设、环境污染治理、海岛生态修复、人居环境建设、国土空间绿化等生态建设工程。实施工程引领，以大工程带动大治理，建设生态资产、积累生态财富、保护珠海环境、造福珠海人民。

二是需要持续开展生态环保督察监管，推动社会各界履行生态环境制度法规。首先，市委、市政府高度重视、高位推进生态环境建设，市、区两级全面设立高规格生态环境保护委员会，建设"党委领导、部门负责、多部门联动"的生态环境建设工作新格局。其次，珠海市生态环境局按照《珠海市环境保护责任考核实施方案》，对各区"生态环境保护工作责任清单"及"一岗双责"落实情况进行考核，严格生态环境执法，严厉打击环境污染犯罪。

三是需要持续开展生态文明教育，提高市民生态环保意识。生态环境保护宣传教育纵向涵盖各年龄层次，横向涵盖各社会群体，需要政府、企事业单位、非政府组织积极参与生态文明思想传播和政策宣传。推动珠海企业开展绿色生产，发展循环经济，建设绿色供应链；创新企业绿色文化，建设绿色工厂。推动社区、学校开展丰富多彩的生态建设活动，唤醒珠海公民向上向善、增绿添美的生态文化自信和文化自觉，让"人人动手、绿美珠海"活动蔚然成风。

（作者单位：北京理工大学珠海学院）

用科学理论引领市场监管现代化建设

◇ 孙　哲

一、坚持人民至上

市场监管工作与人民群众生产生活息息相关。食品、药品、产品质量、农贸市场秩序等，都是保障人民群众生活品质的重要基础和前提。作为重要民生领域主管部门，能不能给老百姓一个满意交待，是对监管能力最大考验。

市场监管部门必须落实好党的二十大提出的要求，坚持监管为了人民、监管贴近人民、监管依靠人民，始终把维护好人民群众切身利益作为市场监管工作的出发点和落脚点，在农贸市场改造提升、民生实事项目落地、民生需求回应、食品药品安全等方面，进一步强化为民导向，切实用最严谨的标准、最严格的监管、最严厉的处罚、最严肃的问责，让市场监管工作成效在人民群众的感受和口碑中得到不断提升。

二、找准履职尽责的切入点

准确把握全面建成社会主义现代化强国的战略安排、系统部署，对标党的二十大提出的涉及市场监管的重大目标任务，市场监管部门要切实找准履职尽责的切入点和着力点。

一是紧紧围绕全面从严治党，突出市场监管政治机关定位。全面建设忠诚、干净、担当的高素质市场监管队伍，教育引领市场监管系统干部职工坚定不移听党话、跟党走，为推动市场监管事业高质量发展提供坚强组织保障。

二是紧紧围绕服务高质量发展，聚焦全国统一大市场建设。围绕"产业第一、交通提升、城市跨越、民生为要"工作总抓手，高质量建设新时代中国特色社会主义现代化国际化经济特区。全力推进质量强国和知识产权强国战略实施，强化法治监管、信用监管、智慧监管，筑牢"三品一特"（食品、药品、重点工业产品和特种设备）安全防线，为全市经济社会高质量发展提供有力支撑。

三是紧紧围绕增进民生福祉，忠实践行市场监管服务民生使命，采取更多惠民生、暖民心举措，更大力度保市场主体发展，着力维护宽松便捷、安全健康、公平有序的市场环境，切实解决好人民群众急难愁盼问题，不断提高人民群众获得感、幸福感、安全感。

四是紧紧围绕全面依法治国，科学设计和实施"执法一个主体、监管一串链条、服务一个窗口、维权一条热线"，将执法标准化、规范化贯穿群众办事"每个环节"，着力将制度优势转化为监管效能。

三、坚持守正创新

市场监管部门要把激发市场活力和创造力作为市场监管的重要方向，把规范市场秩序、维护公平竞争作为市场监管的重要着力点，把维护消费者权益放在市场监管的核心位置，把提高监管效率作为市场监管的基本要求，用国际视野审视市场监管规则的制定和市场监管执法效应。加强成本意识，改变传统的无限监管理念，改革传统的人盯人、普遍撒网的繁苛监管方式，推动市场监管方式方法的改革创新，使之与市场经济的高效运行相适应。

坚持依法依规监管，规范政府部门自由裁量权，推进市场监管的制度化、规范化、法治化。坚持简约监管，消除不必要的管制，减轻企业负担，减少社会成本。坚持智慧监管，推动"互联网+监管"，充分发挥新科技在市场监管中的作用。坚持协同监管，改变政府大包大揽的传统方式，实现社会共治。完善阶梯式监管工具。针对不同违法倾向、违法阶段和违法程度，创新和丰富普法宣传、合规指南、行政指导、行业公约、公开承诺、约谈、警告、检查执法等监管手段，实现规范市场行为、降低执法成本、形成执法震慑的综合效果。坚持预防为先、重在引导，建立完善针对市场违法苗头性问题的提醒告诫制度，进一步创新引导市场主体自我规范的监管方式。对主观恶意较大、屡罚不改、屡禁不止，以及危害人民群众身体健康和生命财产安全、公共安全的违法行为，依法予以严惩。

四、坚持问题导向

要增强市场主体创新动能。完善跨区域、全链条知识产权行政保护协作机制，加大执法力度。在全市推广知识产权侵权快速处理机制，完善行政执法和司法衔接机制，探索知识产权侵权惩罚性赔偿制度。帮助金湾区、高新区等高新技术企业密集的地区建设国家知识产权保护试点示范区。加强反不正当竞争执法，坚决查处侵犯商业秘密违法行为。优化专利资助奖励政策和考核评价机制，更好保护和激励高价值专利。强化标准对创新的引领作用，健全科技成果转化为技术标准的机制，推进科技成果标准化服务平台建设。强化企业创新主体地位，激励企业加大研发投入，支持产业共性基础技术研发，推动各类创新要素向企业集聚。

要深入实施质量强市战略。统筹推进企业、行业、产业质量提升，全面加强质量管理和质量基础设施体系建设，全面提升产品和服务质量水平，塑造产品供给和需求良性互动的大市场。开展高质量发展综合绩效评价，完善质量安全与质量发展监测指标。完善质量激励政策，继续各级质量奖评选表彰活动，建立政府质量奖获奖企业和个人先进质量管理经验宣传推广机制，引导各行业加强全面质量管理。完善质量提升资金多元筹集和保障机制，加强对质量创新和质量提升的支持。

要增强各类市场主体发展活力。促进新设市场主体可持续发展。加强市场主体全生命周期监测和分析，提升支持政策精准性，更好适应新设市场主体发展阶段需求。深化知识产权金融服务，扩大知识产权质押融资规模，积极探索多样化科技金融服务模式，健全知识产权价值评估机制，规范探索知识产权证券化等金融创新。精准扶持小微企业和个体工商户健康发展。研究并推进实施扶持个体工商户发展的重大政策措施。发挥个体劳动者协会等组织在服务个体工商户和私营企业发展中的作用。

五、坚持系统观念

全力抓好"产业第一，项目为王"这个"牛鼻子"，全面对照国家及省市考核要求和政府工作报告确定的各项目标任务，逐条逐项查漏补缺，确保按期高质量完成全年市场监管目标任务。

一是全力以赴保安全。持续强化农产品供应保障以及食品、药品、重点工业产品、特种设备安全监管，严密防范化解各类风险，不断提高"三品一特"安全治理水平，牢牢守稳市场监管安全底线。

二是全力以赴稳增长。不断完善知识产权保护、市场准入、公平竞争、社会信用等制度，稳步扩大标准等制度型开放，持续优化营商环境，落实好各项助企惠企措施，着力培育壮大市场主体，不断激发市场活力，为全市经济稳定增长作贡献。

三是全力以赴强监管。更加注重系统观念和法治思维，坚持依法监管、信用监管和智慧监管"三个监管"同向发力，推进"互联网+信用+双随机"监管改革，加快建立全方位、多层次、立体化监管体系，实现事前事中事后全领域监管，着力维护公平竞争的市场环境。

四是全力以赴促发展。加快服务全国统一大市场和高标准市场体系建设。加快打造一流"珠海质量"，构建先进"珠海标准"，树立响亮"珠海品牌"，以更高站位、更大担当打造中国特色社会主义现代化建设的"珠海样板"。

六、坚持胸怀天下

市场是全球最稀缺的资源。经过多年发展，我国已形成超大规模市场，这是构建新发展格局的独特优势和必要条件。与此同时，市场监管工作面临新形势、新特点、新挑战，主要表现为：随着经济总量和各类市场主体快速增长，合作和竞争、优胜和劣汰格局深刻演化；商品和服务市场在相互渗透中加快融合，线上和线下市场在并行交织中形成复杂生态，新产业新业态新模式不断涌现，效率和公平、创新和保护的需求更趋多元；构建新发展格局过程中，国内市场国际化、国际市场中国因素增多的特征更加明显；人民群众对消费安全和消费升级的期待不断提高。

加快构建以国内大循环为主体、国内国际双循环相互促进的新发展格局，要求持续营造市场化法治化国际化营商环境，培育壮大市场主体，为增强经济发展内生动力提供可靠载体，要求加快市场监管制度型开放，更好统筹国内国际两个市场、两种资源。

珠海是开放的前沿，市场监管部门在探索推进市场监管制度型开放、开展市场监管国际合作、营造国际化营商环境等方面有得天独厚的优势。要积极参与国际组织和多边机制，服务共建"一带一路"高质量发展。要打造高素质国际化市场监管人才队伍，主动学习、积极参与公平竞争政策国际协调，加强竞争执法国际合作。加强与港澳产品质量安全监管和消费者权益保护国际合作，强化食品、药品和特种设备安全监管合作，促进外贸发展，引领转型升级。

（作者单位：珠海市金湾区市场监督管理局）

以党的二十大精神为引领
勠力推动珠海银行业金融机构高质量发展

◇ 甘增辉

党的二十大是在全党全国各族人民迈上全面建设社会主义现代化国家新征程、向第二个百年奋斗目标进军的关键时刻召开的一次十分重要的大会，是一个举旗帜、指方向、明方略、绘蓝图、聚力量的盛会。党的二十大报告是一篇光辉的马克思主义纲领性文献，是我们党新时代、新征程、新目标背景下，开启新阶段、书写新篇章、实现新飞跃的政治宣言和行动纲领，我们务必要坚决以强烈的政治责任感和历史使命感，以饱满热情和良好精神风貌认真学习贯彻党的二十大精神，以实际行动坚定拥护"两个确立"、坚决做到"两个维护"。金融是现代经济的核心和血脉，银行业是我国金融体系的主体。作为珠海农商银行基层战线上的一名员工，在新的赶考之路上，本人通过多种形式深入学习领会党的二十大报告精神实质和丰富内涵，结合工作实际及学习时的所思所想所悟，对探索珠海银行业金融机构高质量发展提出一些意见建议，供参考交流。

一、以党的二十大精神为引领，做强党建引擎，凝心聚力建设一流银行业金融机构

党的二十大报告指出："全面提高机关党建质量，推进事业单位党建工作。推进国有企业、金融企业在完善公司治理中加强党的领导。"①

---

① 《习近平在中国共产党第二十次全国代表大会上的报告》，新华网，2022年10月25日。

机关党建是党建工作的重要组成部分，是党在机关全部工作和战斗力的基础。珠海市作为粤港澳大湾区地级市之一，拥有众多的银行业金融机构，面对珠海发展新形势新任务的要求，银行业金融机构党建工作事关粤港澳大湾区经济形势持续稳定发展，务必要做实做好，切实以党建促经营，提升公司治理水平，强化实体经济服务水平，推动金融业高质量发展，为珠海实现金融强市战略贡献力量。

（一）做实做细银行业党建工作

坚持以党的二十大报告为指引，全面加强党的领导，强化党的建设，做实做细党建标准化工作，提升机关党建工作水平；充分利用好理论学习教育这一重要契机，指导实践，有效解决党建中存在的突出问题，推动机关党建工作成效再上新台阶；充分发挥基层党组织战斗堡垒和党员先锋模范作用，狠抓党建标准化项目成果落地，不断推进党建标准化规范化建设；持续探索和深化金融机构党建品牌创建，加强党务干部队伍选培力度，不断提升金融党建工作质量。

（二）持之以恒推进全面从严治党

坚持以党的二十大报告为指引，把大会报告各方面部署体现到坚决落实全面从严治党要求、加强党的建设等各方面，坚定不移全面从严治党，充分发挥党建引领保障作用，加强基层党组织建设；坚决扛起管党治党政治责任，严肃党内政治生活，不断提升党内政治生活质量，一以贯之、坚定不移推进全面从严治党纵深发展。坚持党管干部原则，把政治标准放在首位，加强领导班子和干部人才队伍建设，着力增强党组织政治功能和组织功能，推动基层党建全面进步、全面过硬，为走好银行业新的赶考之路提供坚强政治保证。

（三）牢牢掌握意识形态工作领导权

党的二十大报告指出："我们要坚持马克思主义在意识形态领域指

导地位的根本制度，坚持为人民服务、为社会主义服务。"务必坚持马克思主义在意识形态领域指导地位的重大意义和实践要求，在坚持中不断巩固、在巩固中更好坚持，为金融事业发展提供科学理论指导；始终严守党的政治纪律和政治规矩，牢牢把握意识形态的领导权、管理权，坚持和加强党对意识形态工作的全面领导；正面引导思想舆论方向，加强党员干部理想信念教育、社会主义核心价值体系教育，强化广大党员干部的社会责任意识、规矩意识和奉献意识，全心全意为人民服务；坚定广大党员干部共产主义理想和中国特色社会主义信念，坚定全体干部员工爱国主义信念，自觉抵御各种腐朽思想的侵蚀，持续巩固马克思主义在意识形态领域指导地位。

（四）打好党风廉政建设和反腐败斗争攻坚战

坚持以党的二十大报告为指引，全方位加强金融党员干部党规党纪教育、警示教育、廉政文化教育，强化对"一把手"和"关键少数"的监督，定期开展政治谈话工作，筑牢拒腐防变的思想防线；强化主体责任，加强政治监督，突出问题导向，坚持标本兼治，持续提升监督执纪震慑作用，一体构建不敢腐、不能腐、不想腐的体制机制；坚持实事求是、知责于心、担责于身、履责于行，把该做的事情做好、该担的责任担起来，以崇廉尚廉、廉洁廉政助推银行金融事业发展。

二、以党的二十大精神为引领，坚守主责主业，增强银行业金融工作的政治性、人民性和专业性

习近平总书记在党的二十大报告中再次强调："江山就是人民，人民就是江山。中国共产党领导人民打江山、守江山，守的是人民的心。"党组织是党联系群众的桥梁和纽带，珠海银行业金融机构要充分发挥基层党组织战斗堡垒作用，坚持全心全意为人民服务的根本宗旨，不忘初心，牢记使命，聚焦主责主业，做实普惠金融，始终保持同人民群众的血肉联

系，不断夯实党执政的群众基础，增强金融工作的政治性、人民性和专业性。

（一）慎终如始坚守主责主业

严格对标对表党的二十大重大战略部署，按照珠海市政府工作要求，铭记机构宗旨，赓续使命，围绕机构定位，深入实施"提高效率、提升效能、提增效益"行动，聚焦主责主业，踔厉支持实体发展，为珠海经济高质量发展注入"金融能量"；牢记金融服务实体经济和人民群众的基本出发点，创新金融产品和服务，加大对乡村振兴、绿色低碳、专精特新、独角兽企业、民营和小微企业等重点领域的金融支持。

（二）坚持以人民为中心的发展思想

党的二十大报告指出："坚持以人民为中心的发展思想。维护人民根本利益，增进民生福祉，不断实现发展为了人民、发展依靠人民、发展成果由人民共享，让现代化建设成果更多更公平惠及全体人民。"坚持以人民为中心的发展思想，不是一个抽象的、玄奥的概念，不能只停留在口头上、止步于思想环节，而要体现在经济社会发展各个环节。始终把人民群众放在心中最高位置，立足单位实际和主责主业，把理论学习同总结经验、观照现实、推动工作相结合，凝心聚力，开展好"我为群众办实事"实践活动。推动领导干部经常性深入基层调研机制，了解基层员工所思所盼所需，用心用情用力解决好基层的困难事、客户的烦心事，维护好最广大人民根本利益，服务好地方金融经济。始终致力于普惠金融领域，积极探索发展新路径，增强金融服务的适应性、普惠性，因地制宜开展个性化、差异化服务，让人民群众享受均衡、平等、普惠的金融工具，确保党的金融政策和声音及时传达到千家万户，为推动珠海经济发展注入持久动力。

（三）坚持人民至上的根本政治立场

党的二十大报告指出："全过程人民民主是社会主义民主政治的本质属性，是最广泛、最真实、最管用的民主。"坚决把民主选举、民主协商、民主决策、民主管理、民主监督各个环节贯通起来，发挥"关键少数"示范引领作用，杜绝贪污腐败、脱离群众、形式主义、官僚主义等严重违背党的初心和使命的突出问题发生，确保金融工作始终沿着正确方向前进。紧紧围绕机构高质量发展大局谋划工作，聚焦改革发展稳定和人民群众切身利益问题，聚共识、谋良策，在思想政治引领上求实效、在党委决策建言上出成果、在干部队伍建设上强担当，求真务实推进全过程人民民主落地落实。

（四）全力推进乡村振兴战略

党的二十大报告强调："全面推进乡村振兴。完善农业支持保护制度，健全农村金融服务体系。"全面推进乡村振兴是缩小城乡差距、建设社会主义现代化强国的重大战略。严格贯彻党中央、国务院、省委省政府和珠海市委市政府关于实施乡村振兴战略决策部署，积极延伸农村金融服务触角，为三农提供更多智能化、便民化金融服务，满足乡村地区客户多元化、多层次的金融需求，持续提升农村金融服务质效。充分发挥金融机构的定位及资源优势，深入农村调研，围绕农村地区优势产业，推进助农惠农，陆续上线相应的农业农村金融产品；积极探索新形势下乡村治理新路径，持续做好脱贫攻坚与乡村振兴有效衔接，为实施乡村振兴战略持续注入金融发展动能。

三、以党的二十大精神为引领，维护金融安全，防范化解银行业重大风险

党的二十大报告指出："深化金融体制改革，建设现代中央银行制

度，加强和完善现代金融监管，强化金融稳定保障体系，依法将各类金融活动全部纳入监管，守住不发生系统性风险底线。"当前面对复杂严峻的国内外形势，珠海金融形势也不容乐观，银行机构要坚决打好防范化解重大金融风险攻坚战，突出源头治理，推动健全金融稳定长效机制。

（一）完善银行业公司治理机制

良好有效的公司治理是银行业长期稳健运行的基石，近年来包商银行、恒丰银行等高风险机构处置案例表明很多银行业机构公司治理存在诸多缺陷。严格对照金融监管部门先后出台的一系列政策措施，总结经验，把党的领导融入公司治理制度化、规范化、程序化，不断规范完善公司治理制度体系，发挥好党的领导把方向、管大局、保落实的政治优势。加强股权管理，持续优化股权结构，规范股东行为，依法保障股东尤其是中小股东合法权益。加强"三会一层"建设，更好发挥股东大会权力机构作用，提升董事会及其专门委员会独立性和专业化水平，以优化"两会一层"履职评价为抓手，做实监事会，明确高管层履职边界。优化绩效考核与薪酬机制，坚持绩效激励与风险损失挂钩原则，完善风险与收益平衡兼顾的考核指标体系，细化相关重点领域和薄弱环节专项激励机制。

（二）推进金融法治体系建设

坚持以习近平法治思想为指引，加强党对金融法治建设的集中统一领导，坚守法治精神，主动适应改革发展与疫情形势新常态，建立健全金融法治工作机制，确保党的领导贯彻到依法治行全过程和各方面，不断提高党领导依法治行的能力和水平；重视法治建设、合规文化建设，完善公司治理体系，建立严密的内控制度，持续优化合规文化建设机制，推动合规管理责任层层落实，扎实推进银行业金融机构依法合规稳健经营，支持地方经济发展，聚力打造可持续发展的合规银行。

（三）提高基层风险防控水平

组织员工深入学习法律法规、规章制度、业务指引、风险案例等有关文件，作为日常学习的重要组成部分，制定学习计划，将以案释法和学习教育有机结合，引导党员干部遵规守纪、强化意识；加强风险管理体系建设，强化对基层的业务风险培训和指导，对基层风险问题进行及时解答，为基层机构排忧解难；引导员工在日常工作中坚守合规底线、规范行为、依法展业，营造合规守纪氛围，立足全面风险管理，提高员工风险防控水平和素养，防范化解金融风险。

（四）守牢金融风险底线

习近平总书记指出："防范化解金融风险，特别是防止发生系统性金融风险，是金融工作的根本性任务，也是金融工作的永恒主题。"当前外部经济环境复杂、风险挑战严峻，不稳定不确定因素明显增多，防范风险化解压力有所增大。坚持底线思维，把主动防范化解风险放在更加重要的位置，以"时时放心不下"的责任感，统筹抓好政治安全、运营安全、队伍安全、意识形态安全等各项工作，筑牢金融安全防线。强化风险意识，按照稳定大局、统筹协调、分类施策、精准拆弹的基本方针，做到未雨绸缪、举一反三，聚焦主责主业，服务好实体经济发展，以自我革命精神处理好各类风险隐患，坚决守住不发生系统性风险的底线。全面排查业务风险隐患、抓好问题整改、优化业务风险管理体系，加强风险源头管控，积极下好防范化解风险挑战的先手棋，打好化险为夷、转危为机的主动仗，牢牢把握发展的主动权。

四、以党的二十大精神为引领，坚持守正创新，以昂扬奋进的姿态推动银行业高质量发展

党的二十大报告指出："必须坚持科技是第一生产力、人才是第一

资源、创新是第一动力，深入实施科教兴国战略、人才强国战略、创新驱动发展战略，开辟发展新领域新赛道，不断塑造发展新动能新优势。"珠海银行业金融机构要紧紧围绕珠海"产业第一、交通提升、城市跨越、民生为要"工作部署，勇于开拓创新、与时俱进、谋划布局，奋力书写"赶考"路上的新答卷，勠力推动珠海银行业高质量发展。

（一）加快金融与科技创新融合，推进银行业转型发展

伴随现代科技的快速演进，推动数字经济发展和迭代速度加快，线上化、数字化、智能化的金融服务更深入普及。紧紧围绕珠海市委、市政府的坚强领导，结合各银行机构特点，抓住粤港澳大湾区、横琴粤澳深度合作区等发展契机，深入实施创新驱动发展战略，充分发挥金融服务科技创新作用，提高银行业金融信息科技水平；坚持以科技手段促进金融服务创新，加快数字化转型发展，积极将大数据、云计算、人工智能、区块链等信息技术应用与金融产业链，通过金融业务与信息技术的深度融合，创新业务模式、业务流程和金融产品，实现金融服务模式的优化；加大金融科技创新的投入，依法合规开展金融科技研发，切实提高信息科技水平及金融服务质效，促进普惠金融持续快速发展。

（二）坚持党管人才，强化金融人才队伍建设

牢固树立"人才是第一资源"的理念，高度重视人才工作，坚持党对人才工作的全面领导，注重金融领域人才队伍的建设，激发人才创新活力。实行更加积极、更加开放、更加有效的人才引进政策，精准引进高端人才，造就一流领军人才和创新团队，培养具有竞争力的青年人才后备军，激发创新活力；优化并形成有利于人才成长的培养机制、有利于人尽其才的使用机制、有利于人才各展其能的激励机制、有利于人才脱颖而出的竞争机制，形成一套具有吸引力和竞争力的引才用才机制，实现银行金融体系人才队伍建设。

（三）勇于开拓创新，增强银行业金融机构高质量发展动能

　　坚持把创新摆在全行发展的核心位置，全面提高科技、数据、人才、资本、经营、管理等要素生产率。积极探索创新金融产品、金融服务范围、银企合作模式等内容，加大对实体经济扶持力度，提升我行综合金融服务水平；加强金融科技应用，推进信息技术在金融领域的全面应用，推动业务审批更加自动化、产品营销更加网络化、风险识别更加智能化，助力疏解企业融资难问题；统筹发展与安全，创新优化银行业制度建设，提高公司治理水平、信息科技水平、资金运营水平、干部管理水平及强化风险化解、解决问题、担当作为的能力，凝聚力量，坚守初心，更好地服务好地方金融经济，扎实推进银行业金融机构事业蓬勃发展，以优异成绩践行党的二十大精神。

　　　　　　　　　　　　　　（作者单位：珠海农村商业银行股份有限公司）

以党的二十大精神为指引
大力推动珠海知识产权检察工作高质量发展

◇ 曾命辉　谢　楠

党的十八大以来，以习近平同志为核心的党中央高度重视知识产权工作，从国家战略高度和进入新发展阶段要求出发，就知识产权保护工作做出一系列重大决策部署。党的二十大报告提出，要加快构建新发展格局，着力推动高质量发展；强调必须坚持科技是第一生产力、人才是第一资源、创新是第一动力，深入实施科教兴国战略、人才强国战略、创新驱动发展战略，开辟发展新领域新赛道，不断塑造发展新动能新优势。这些重要论述为知识产权保护工作提供了根本遵循和行动指南。

珠海经济特区地处中国改革开放的前沿阵地。一直以来，珠海市委、市政府高度重视科技创新和知识产权工作，在历届党政领导班子的团结带领和接续奋斗下，科技创新取得了长足的进步和发展，荣膺"标准国际化创新型城市""国家知识产权强市建设试点示范城市"等系列称号。据统计，截至2022年8月底，珠海市专利授权量、发明专利有效量、每万人口发明专利拥有量等多项重要科技创新指标排名位居广东省前列。①市第九次党代会提出要坚持"产业第一"等工作为总抓手，深入实施创新驱动发展战略，努力把珠海建设成为充满活力的粤港澳大湾区新兴科技创新城

---

① 根据珠海市市场监督管理局（市知识产权局）2024年2月7日在政府信息公开网发布的《珠海市知识产权统计简报（2023年1—12月）》，2023年1—12月，全市专利授权量24551件，全省排名第五；每万人口高价值发明专利拥有量52.64件，比全省平均水平高27.53件。

市。这为知识产权保护工作提出了新的任务和更高的要求。

检察机关是国家的法律监督机关，担负着打击刑事犯罪、监督纠正违法、保障经济发展、维护公平正义等重要职责，在知识产权保护工作中发挥着独特的重要作用。多年来，珠海市检察机关始终心怀"国之大者"，积极融入知识产权大保护格局，开展了内容丰富、形式多样、手段有力、成效显著的知识产权检察保护工作，赢得上级机关和社会各界的一致好评。面对新的形势和任务，作为全国首个设立的知识产权检察专业化机构，珠海市检察院高新区知识产权检察室把深入学习宣传贯彻党的二十大精神作为当前和今后一个时期的首要政治任务，紧紧围绕党和国家工作大局，以构建知识产权检察综合履职新模式为突破口，进一步加大知识产权检察工作力度，一步一个脚印把党的二十大精神付诸行动、见之于成效，以更优检察履职努力为珠海经济社会高质量发展提供司法保障和检察智慧。

一、强化思想政治引领，确保知识产权检察保护工作沿着正确的方向迈进

思想是行动的先导，观念是实践的指南。构建知识产权检察综合履职新模式，就要认真学习贯彻习近平总书记关于知识产权保护的重要讲话精神，深入贯彻落实《中共中央关于加强新时代检察机关法律监督工作的意见》《最高人民检察院关于全面加强新时代知识产权检察工作的意见》，把党中央和上级机关的精神落实到具体的知识产权检察工作之中。一是要牢固树立以人民为中心的发展思想。坚持依法公正合理保护知识产权，切实维护好公共利益、激励创新发展，防止滥用诉权损害公众利益。二是牢固树立自信自立的工作理念。自信自立才能真正做到自强。党的二十大赋予检察机关更重政治责任、法治责任、检察责任，检察机关要主动将知识

产权综合履职的"四大检察"①监督职能充分运用起来，运用系统思维充分能动履职。三是要牢固树立守正创新的工作思维。守正是方向，创新是动力，知识产权检察综合履职要沿着正确的政治方向，紧紧围绕党和国家在知识产权方面的工作大局，调用起"四大检察"齐发力的优势，善作善成"以我管促都管"。四是要牢固树立以问题为导向的观念。要深刻反思总结知识产权检察综合履职推进难的原因，找准工作瓶颈或推不动的症结，开动脑筋疏通解决堵点难点痛点。五是落实"必须坚持系统观念"，知识产权检察综合履职就要融合贯通"四大检察"，防止就案办案、机械办案、被动办案，要充分运用公开听证、检察建议、调查核实、诉源治理等手段系统开展知识产权检察工作，依法能动履职，充分借助"外力"弥补自身专业不足，推动构建"严保护、大保护、快保护、同保护"工作格局。当下，珠海向着万亿级工业强市阔步迈进，以高质量发展为牵引，紧扣"产业第一、交通提升、城市跨越、民生为要"工作总抓手是珠海一以贯之的发展战略。珠海检察机关要将珠海高质量发展战略与珠海打造知识产权强市、知识产权"四检合一"综合履职深度融合，聚焦重点领域和关键环节，铆足干劲、大力挖潜、认真谋划。在正确的政治理念指引下，紧紧围绕党委政府部署开展工作，这也是检察机关坚持党的绝对领导的必然要求。比如珠海市党委政府部署开展知识产权强市建设，重点要求关注本辖区地理标志产品保护，检察机关就要行动起来，在相关工作中精准发力。

二、坚持依法能动充分履职的总体布局，大力推动知识产权检察综合履职提质增效

依法履职、能动履职、充分履职，是对新时代对检察工作提出的新要求。为此，珠海知识产权检察工作要按照党中央和上级检察机关的部署

---

① "四大检察"即刑事检察、民事检察、公益诉讼检察。

要求，紧密结合珠海经济社会的实际情况，在依法能动充分履职的努力过程中，推动知识产权检察综合履职提质增效。一是深入开展依法惩治知识产权恶意诉讼专项工作。要认真贯彻最高检察院的统一部署和要求，充分聚焦知识产权批量维权、滥用权利、虚假诉讼、恶意诉讼等突出问题，全面开展知识产权刑事、民事、行政和公益诉讼检察监督职责，依法严格保护知识产权，惩治违法犯罪行为，维护正常经济社会秩序，切实保护广大人民群众和中小微企业合法权益。二是继续探索和构建知识产权检察综合履职模式。在过去探索推行刑事、民事、行政、公益诉讼"四检发力"和打击、监督、预防、服务、研究"五措并举"以及N种手段方式同步推进的"4+5+N"珠海知识产权检察保护模式的基础上，认真总结既往工作经验，积极落实上级检察机关关于推进知识产权检察职能集中统一行使的部署要求，继续探索建立、健全和完善相关工作机制，全面提升知识产权综合保护质效。三是努力办好有影响能引领的知识产权典型案件。聚焦群众反映强烈、社会舆论关注的突出问题以及新业态新领域知识产权前沿问题，统筹组织全市检察力量，拓宽案源渠道，注重精耕细作，努力办理一批具有示范引领意义的案件，形成良好的办案效应。注重刑、民、行、公交叉案件的分析研判，进一步加大法律监督力度，努力监督纠正执法司法活动中有案不立、以罚代刑、以民代刑、重民轻行、重刑弃公等失职渎职行为。粒粒稻米皆辛苦，点点滴滴检民情，还要注重办好每一起案件，通过综合履职利用好检察建议等手段在促进源头治理上下功夫、在化解矛盾上出实招，在解决人民群众急难愁盼问题上彰显司法温情。四是大力推动建立健全知识产权协同保护工作机制。加强与法院开展司法协作，共同提高知识产权司法保护的能力和水平，与公安、文化、出版、海关、市场监管、农业农村等加强联系配合，努力构建优势互补、资源共享的工作机制制度，形成双赢多赢共赢的协同保护大格局。五是推动形成全市上下同频共振的知识产权工作格局。珠海市检察院高新区知识产权检察室将按照级别管辖的法律规定，带头办理一批具有指导性意见的精品案件，充分发挥好领头雁的示范性作用。基层是抓落实的"最后一公里"，也是抓落实的一面镜子，要加强对基层知识产权检察工作的统筹协调和指导督促工作，着力推动基层院补短板、强弱项、彰特色上下功夫。六是继续深入推进知识产权检察领域的法治宣传和检察研究工作。结合办案工作，继续深化预防侵犯知识产权违法犯罪"六个一"机制（即每办理一宗侵犯知识产权刑事案件，到发案单位开展一次案后回访考察活动，与发案单位召开一次案件分析座谈会，给发案单位提出一条以上有针对性的防范对策建议，给监管单位提出一份检察监督意见，帮助发案企业建立和完善一项规章制度）。创新工作载体，加快推进知识产权检察宣教基地建设，开展形式多样的知识产权宣传活动，大力开展知识产权检察理论研究，夯实知识产权检察工作理论基础。

三、持续深化补短板强弱项工作，在注重"内外兼修"中推动知识产权检察工作高质量发展

一是必须高度重视强化"内功"。要正视知识产权检察人员的综合素质能力距离高质量服务保障创新驱动发展战略、知识产权强国战略还有较大差距的现状。其一要全面加强知识产权专业知识学习和前沿动态掌握，通过聘请老师授课、参与知识产权培训、向先进地区学习，组织岗位练兵培训、考取知识产权相关职业资格证书等多种形式系统化强化自身专业知识。"打铁还需自身硬"，如果自己业务能力上不去，不懂专业知识，不了解知识产权发展情况，则无法做到知识产权案件"一案四查"，在高精尖技术型企业向检察机关寻求帮助时就会有本领恐慌，在突然遇到5G通信、智能芯片、人工智能、网络侵权等相关案件就会束手无策；其二要精心培养精通知识产权"四大检察"人才，目前检察系统缺少精通"四大检察"人才，应朝着专业化目标加强队伍建设，以适应新时代知识产权保护工作跨领域系统化思维和办案要求。知识产权案件总体数量不大，培养专门型人才，提高办案质量具有可行性；其三要强化科技化数据化办案能力，知识产权办案强调数据搜集整理，以往依靠人力搜集筛选数据耗时

费力，需要用科技化手段构建数据搜集和分析平台，实现多平台数据聚合分析处理，以达到知识产权协同保护的目的。二是必须善于充分借助"外力"。知识产权的专业性、复杂性决定了检察机关办案人员审查证据的难度和局限性，比如技术性案件专利的比对、商业秘密案件密点的确认和比对、网络侵权案件侵权手段的锁定等等。这就需要检察机关通过聘请技术调查官、行政机关专业人员兼任特邀检察官助理进行辅助办案。市检察院高新区知识产权检察室目前已从8家行政单位聘请9名知识产权特邀检察官助理，下一步将结合案件办理情况探索聘请技术调查官、与上级检察机关共享专家库等办法，全力提升知识产权案件办理质效。三是要打通与所有知识产权保护相关单位部门的信息共享渠道。首先，要做到"知己知彼"，借助座谈交流等方式与知识产权保护相关的行政机关、公安、法院进行深入沟通交流，摸清所有与知识产权保护相关的行政机关、公安、法院的具体职能，尤其是各单位具体从事知识产权保护的部门及人员、具体从事知识产权保护的种类、职责权限和职能范围；其次，宏观上要推动协同大保护格局构建，围绕知识产权创造、保护、运用、管理和服务的"全链条"工作，大范围搜集掌握数据。如联合所有知识产权司法与行政单位签订《知识产权保护框架协议》，并设立秘书处设置联络员，由专人督办相关工作，规范填报要求，统一数据格式，相关信息经秘书处汇总整合后发检察机关同步掌握；再次，微观上结合具体工作有针对性地细化落实信息共享，通过前期掌握的各单位知识产权保护职能范围，检察机关可结合某一具体领域或某专项监督行动，与相关单位建立更细化的信息数据共享机制；最后，要注意运用好数据会商研判，一旦发现可能涉及法律监督的线索或者重大疑难复杂案件，要及时通过上述签订的机制，联合相关单位座谈会商具体案件。

四、积极打造知识产权检察文化品牌，传播珠海检察好声音

检察机关不仅要提供更优质的司法产品、检察产品，还要宣传好、阐

释好工作背后、职能深层的法治意义，让人民群众感受到公平正义。对知识产权检察综合履职工作而言，办好案，宣传讲好检察故事，通过树立文化品牌，既可以提振知识产权检察工作者的自我认同感和归属感、提高干事创业的积极性，又能够彰显青春朝气与活力，更好扩大影响力，更好推动检察机关融入知识产权协同大保护的格局中，这也是检察机关落实党的二十大"必须坚持自信自立"的体现。目前，国内比较有影响力的知识产权检察工作文化品牌有南京铁路运输检察院的"4+"知识产权办案团队、上海市奉贤区检察院的"贤知卫"品牌、北京市海淀区检察院"五的N次方"文化品牌等。上述品牌均有独特的标语设计、宣传海报、logo标志、文化品牌内涵。我们要积极借鉴学习，创新履职方式，从小处着手，在细处行动，通过各项工作有力开展、深挖珠海经济特区元素，扩大传播圈层，打造有思想有温度有品质、有共情力影响力传播力的特色检察工作文化品牌，呈现珠海精彩，彰显特区魅力。

（作者单位：广东省珠海市人民检察院）

找准监督着力点　展现审计新担当新作为

◇ 孙幼娇　梁莹莹

　　党的二十大报告提出："从现在起，中国共产党的中心任务就是团结带领全国各族人民全面建成社会主义现代化强国、实现第二个百年奋斗目标，以中国式现代化全面推进中华民族伟大复兴。"①

　　审计工作如何深入贯彻落实党的二十大精神，找准着力点，在推进中国式现代化中展现新担当新作为，为珠海加快建设现代化国际化经济特区提供坚强审计保障？

（一）突出抓好促进经济高质量发展审计着力点

　　高质量发展是全面建设社会主义现代化国家的首要任务，要坚持把发展经济的着力点放在实体经济上。珠海审计一方面要紧扣市委、市政府"产业第一"工作总抓手，助力加快建设"4+3"产业体系，推进"1+5+3"系列政策落实，做"深"做"透"政策跟踪审计、财政绩效审计、政府投资工程审计、重大专项审计、国资国企和金融审计，加强对重大行政决策、重点项目事前审计监督服务，加快构建现代产业体系，推动"交通提升""城市跨越"。另一方面，要紧紧围绕促进澳门经济适度多元发展这条主线，全力支持服务横琴粤澳深度合作区建设，推进高水平改革开放，关注乡村振兴和区域协调发展战略实施情况，更好发挥新时代审计工作"促进经济高质量发展、促进全面深化改革"职能作用，为珠海加

---

　　① 《习近平在中国共产党第二十次全国代表大会上的报告》，新华网，2022年10月25日。

快打造新发展格局重要节点城市提供坚强保障。

（二）突出抓好增进民生福祉审计着力点

推进中国式现代化，必须牢牢把握坚持以人民为中心的发展思想，牢记"江山就是人民，人民就是江山"。珠海审计要牢固树立"执审为民"理念，为党和人民守好财政资金使用关、把好廉洁用钱用权关，紧扣民生重点项目和资金，加强跟踪问效，加大就业、教育、社保、医疗、养老、住房等群众急难愁盼问题领域审计力度，重点关注"珠海十件民生实事""民生微实事"项目落实情况，把看好和推动用好民生资金作为审计最大的为民情怀，推动惠民富民利民政策落到实处，助力珠海打造民生幸福样板城市。牢固树立和践行绿水青山就是金山银山的理念，站在人与自然和谐共生的高度，大力开展自然资源和生态环境审计，重点关注大气、水体、土壤污染防治，助力珠海打好蓝天、碧水、净土保卫战，打造生态文明新典范，将珠海生态宜居名片擦得更亮。

（三）突出抓好防范化解重大风险审计着力点

围绕统筹发展与安全，推进国家安全体系和能力现代化，增强风险意识、底线思维，坚持稳中求进工作总基调，发挥审计宏观调控"工具箱"作用，切实担负起审计稳定宏观经济的责任，紧盯政府债务、国有资产、经济金融、房地产、能源资源、安全生产、信息安全等重点领域，着力揭示各类财政和经济风险隐患，及时发出预警、提出建议，全力筑牢珠海经济社会安全屏障。配合建设珠海地方金融风险监测中心，促进加强和完善现代金融监管，守住不发生系统性风险底线，切实维护金融安全。

（四）突出抓好规范公共权力运行审计着力点

围绕党风廉政建设和反腐败斗争，聚焦财政资金分配、国有资产处置、公共资源交易、项目审批监管等重要领域、关键环节、重点岗位，加大对领导干部经济责任审计力度，着力揭示重大违纪违法、违反财经纪律及群众身边的腐败问题，更好履行审计工作"促进权力规范运行、促进反腐倡廉"的职责使命，更好发挥审计在推进党的自我革命中的重要作用。建立完善审计机关"三个区分开来"容错免责减责机制，促进领导干部担当作为，推动全面从严治党和激励干事创业协同共赢。

在推进中国式现代化过程中，审计机关要把科技、人才、创新作为推动审计事业高质量发展的重要支撑，通过推进党建、人才、科技、创新、制度、质量"六大强审工程"，大力加强审计机关能力水平建设，做深做实研究型审计，以高质量审计成果切实提升审计监督权威和效能，助力政府治理体系和治理能力现代化。

为此，一是充分发挥机关党委总揽全局、协调各方的领导作用，持续推进模范机关创建，创新党建方式方法，切实强化内生动力，促进党建与审计业务深度融合，完善全面从严治党体系，不断擦亮"审计先锋、财经卫士"党建品牌，以高质量党建引领审计事业高质量发展。

二是以实施《数字审计能力提升行动方案（2022—2024年）》为抓手，多举措、全方位加强审计人才培养和教育培训。对45岁以下审计人员开展大数据审计工作必备知识、技能和方法培训，常态化举办季度、年度大数据审计技能赛，开发制作不同领域审计案例视频，营造浓厚比学赶帮超氛围。建立审计业务导师制度，打造"首席审计数据分析员"团队。加强审计专业人才引进和干部交流轮岗，盘活人力资源，激发审计人员干事创业热情。

三是扎实推进科技强审工程。全面推广应用"金审三期"工程，加强数据挖掘、智能分析、云计算、地理信息系统、无人机拍摄等新兴技术手段学习运用。着力建成用好审计案例平台、数字审计平台，建设完善数字审计驾驶舱、在线审计、在线整改等系统和功能模块。健全数据采集、管理、应用和分类分级保护制度，推进审计专网与市协同办公系统对接，探索建立大数据审计的行业数据标准体系。率先创建广东省示范数字档案室，全面提升数字审计能力水平，力争大数据审计工作走在全省前列。

四是扎实推进创新强审工程。充分发挥南京审计大学粤港澳大湾区审计研究院（珠海）的智囊高参作用，促进大湾区审计工作交流合作与创新发展。着力建设融审计人才培养、技术孵化、监督保障、服务发展和警示教育于一体的"审计5.0新空间"，致力于打造审计高质量发展的研究实践地、寓服务于监督的教育警示基地。协助建设珠海市地方金融风险监测中心，创建公共投资审计研究和廉政警示教育中心。创新审计服务方式，探索编制各领域审计风险服务指引体系、审计业务指南规范体系、审计案例教材体系。大力深化派驻国企审计专员制度改革和审计助理职业化改革，为审计事业高质量发展提供有力支撑。

五是坚持以制度管人管事，建立完善审计全过程各方面规章制度，从内容到程序全面推进审计工作制度化、规范化、标准化。争取在审计整改结果公告、整改约谈和责任追究、公共投资审计、自然资源资产审计等方面制度创新，做到全省率先示范。深入贯彻落实新《审计法》，修订实施《珠海经济特区审计监督条例》，进一步推动依法审计，以强有力的审计监督促进依法决策、依法审批、依法监管。

六是完善审计质量分级量化考核，加强业务会议审核，强化经验交流分享，开展优秀项目评比，争创全省乃至全国优秀审计项目。有力推进全市审计整改专项行动，压实各有关部门整改责任，健全审计整改长效机制。狠抓内部审计工作，以评选表彰全市"审计工作先进集体和先进个人"为契机，营造审计工作争先创优浓厚氛围，推动国家审计、内部审计、社会审计协同发展，发挥审计监督合力。

（作者单位：珠海市审计局）

探索产业跨区域协同　助推高质量发展

◇ 范志鹏

建设现代化产业体系是推动经济高质量发展的重要支撑和关键。党的二十大报告指出，要"推动战略性新兴产业融合集群发展，构建新一代信息技术、人工智能、生物技术、新能源、新材料、高端装备、绿色环保等一批新的增长引擎"。[①]

当前，我市正全面学习贯彻党的二十大精神，按照市第九次党代会"产业第一、交通提升、城市跨越、民生为要"的决策部署，实施产业立柱攻坚行动，加快构建具有珠海特色的现代产业体系。围绕新一代信息技术、新能源、集成电路、生物医药与健康四大主导产业，以及智能家电、装备制造、精细化工三大优势产业集中用力，做大做强珠海"4+3"支柱产业集群。而要实现"产业第一"高质量发展的目标，有必要加快推动珠海西部地区与横琴粤澳深度合作区高端产业协同发展。

推动高端产业协同发展的必要性

一方面，工业制造业是珠海西部地区的产业支柱，金湾、斗门有多个大型产业集聚区，一批高新技术企业、"小巨人"企业正纷纷从这片土地上成长起来。另一方面，金湾、斗门，面积占全市的68.7%，拥有全市9个产业园中的6个，但西部区域人均GDP尚在全省平均值以下，是珠海高质量发展的薄弱环节，也是潜力空间。

---

① 《习近平在中国共产党第二十次全国代表大会上的报告》，新华网，2022年10月25日。

抓产业就是抓发展，谋产业就是谋未来。市属国有企业作为支撑珠海经济社会发展的重要力量，必须当好珠海国民经济发展"领头雁"、产业发展"压舱石"，在将西部地区打造成为创新能力卓越、产业层级高端、优质要素汇聚、产城深度融合、辐射带动强劲的珠海发展"新引擎"中勇担使命，积极开辟"新领域"、培育"新动能"。

探索"横琴创新+西区生产"新模式

当前，全球产业体系和产业链供应链呈现多元化布局、区域化合作、绿色化转型、数字化加速的态势，这是经济发展规律和历史大趋势，不以人的意志为转移。构建以实体经济为支撑的现代化产业体系，必须顺应产业发展大势。

珠海西部地区与横琴粤澳深度合作区仅一海之隔、跨桥相连，区位优势特殊，并且参与珠海西部地区建设的几家市属国有企业也以企业总部或设立公司等形式，深耕横琴粤澳深度合作区，业务横跨两地，发展优势明显。要顺天时、地利、人和之势，高扬互利共赢之帆，积极打造两地协同发展"接驳船"，把握团结合作之舵，在开放中创造条件，在合作中破解难题，通过探索创新产业链供应链服务模式，把合作区优惠的产业政策、丰富的产业平台等势能，有效转化为珠海西部地区产业发展动能，厚植产业发展沃土，以产业协同实现共赢发展。

一是促进优势互补，实现"横琴创新+珠海西区生产"新模式。

《横琴粤澳深度合作区建设总体方案》提出要发展科技研发和高端制造等四大产业，并且在近年的发展布局中，相关产业开始呈现一定的聚集效应。这其中，合作区瞄准四大产业发展推出的一系列硬核扶持政策，对吸引企业总部、研发总部，高附加值制造业企业落地优势明显。

珠海西部地区拥有珠三角为数不多的成片土地，还有人力资源和交通优势，蕴藏着无限的发展想象空间。市属国有企业可借助西部地区丰富的地理空间等资源，通过制度的转换、衔接、适应，挖掘充足的产业空间，承接合作区产业资源的外溢，探索"创新在横琴、生产在西区"的区域协同新模式，打造支持园区和人才住房建设的"特色产业平台"，与合作区形成差异化发展，不断在支持服务合作区建设中谋求更大突破。

二是扩大对外开放，打造"全球技术+澳门承载+横琴研发+西区制造"生态圈。

支持粤澳协同创新是当前粤澳合作的主旋律，这为珠海西部地区与横琴粤澳深度合作区产业协同提供了新思路。横琴连接澳门，作为高新产业的重要承载地和承接澳门创新资源转化的主阵地，凭借先天条件能够很好地利用澳门现有产业资源和国际自由贸易港优势，吸引更多国际产业要素集聚合作区。

市属大中型国有企业在产业招商和园区管理方面具有丰富的经验，可借力落地合作区的珠海先进集成电路研究院等专业机构的招商团队，建立招商引资联动机制，促使合作区和珠海西部地区两个区域深度互动，以投促引引进研发投入大、产业带动强的投资项目，拓展产业规模发展新空间，不断完善产业链布局，探索独具特色的"全球技术+澳门承载+横琴研发+西区制造"跨境产业生态圈，为西部地区产业高质量发展引入强劲源头活水，助力西部地区通江达海"链"接全球。

（作者单位：珠海大横琴集团有限公司）

深入学习贯彻党的二十大精神
推进国企党建和生产经营工作深度融合

◇ 珠光集团党委办公室

党的二十大报告明确提出："深化国资国企改革，加快国有经济布局优化和结构调整，推动国有资本和国有企业做强做优做大，提升企业核心竞争力。"①这为国有资本和国有企业改革发展指明了方向。

坚持党的领导、加强党的建设，是我国国有企业的光荣传统，是国有企业的"根"和"魂"，是我国国有企业的独特优势。要加强和改进国有企业党的建设，坚持党建服务生产经营不偏离，推动党建工作与生产经营深度融合，把党建工作成效转化为企业发展优势。因此，新时代如何更好地把"坚持党对国有企业的领导"落到实处，切实推进党建工作与生产经营工作深度融合，从而促进国有企业进一步做强做优做大，提升企业核心竞争力，为全面建设社会主义现代化国家贡献更多更大力量，是所有国有企业急需解决的现实问题。

一、国企党建与生产经营深度融合的重大意义

党建工作与生产经营不是相互独立、相互矛盾的关系，而是紧密结合、有机统一、互为补益、共同发展的关系。国企党建离开生产经营就会脱离实际，而生产经营活动没有党建引领，就会偏离方向、失去动力，新

---

① 《习近平在中国共产党第二十次全国代表大会上的报告》，新华网，2022年10月25日。

时代推动党建工作与生产经营深度融合具有重大意义。

（一）推动党建工作与生产经营深度融合，是新时代坚持和加强党的全面领导的内在要求

伟大的事业必须有坚强的党来领导。党政军民学，东西南北中，党是领导一切的。坚持党对国有企业的领导是重大政治原则，没有党的坚强领导，国企改革发展就会偏离正确方向。国企应以党的政治建设为统领，充分发挥党委"把方向、管大局、保落实"的领导核心和政治核心作用，切实加强思想政治建设、干部人才队伍建设、基层党组织建设、党风廉政建设，推动党建工作质量和水平不断提升，为开创高质量发展新局面提供坚强的政治保障。

（二）推动党建工作与生产经营深度融合，是充分发挥国有企业党组织作用的重要体现

2016年10月10日至11日，全国国有企业党的建设工作会议在北京召开。习近平总书记在会上提出"四个坚持"的加强国企党建工作总要求，明确要"坚持服务生产经营不偏离"。这个重要论述，既明确了党建与生产经营融合发展的目标，也指出了"企业改革发展成果"是检验国有企业党组织发挥作用的重要标尺。

（三）推动党建工作与生产经营深度融合，是全面加强国有企业党员队伍建设的重要途径

党员队伍建设是党的建设基础工程。推动党建工作与生产经营深度融合，在生产经营实践中打造工人阶级先锋队，对加快建设一支"平常时候看得出来、关键时刻站得出来、危急关头豁得出来"的党员队伍具有重要意义。国企应坚持把基层党组织和党员队伍建设作为党的建设的基础性工作，按期完成党支部换届选举，选优配强基层党组织班子；大力开展基层党组织标准化规范化建设，推动基层党建工作全面进步；不断吸收新鲜血

液，吸引政治觉悟高、业务能力强的青年职工加入党组织，成为推动企业高速发展的重要力量。

（四）推动党建工作与生产经营深度融合，是实现国有企业高质量发展的重要保障

国有企业的重要地位，客观上要求其自身不断提高企业经营业绩，为经济社会发展作出更大贡献。党建与生产经营深度融合，是做强做优做大国有经济和国有资本的需要。党建工作是国有企业稳定运营的思想基础，也是激发员工工作热情的重要途径，更是国有企业健康发展的动力支撑。

二、目前国企党建与生产经营融合方面存在的主要问题

在2018年7月3日的全国组织工作会议上，习近平总书记就曾一针见血地指出："现在，从各方面反映看，一些地方和部门党建工作还存在重形式轻内容、重过程轻结果、重数量轻质量的问题，看起来热热闹闹，实际效果却不佳，甚至与中心工作'两张皮'、没有什么效果。"①纵观当前国企领域党建与生产经营融合存在的问题，主要有以下几种表现：

思想认知方面"一轻一重"。有些单位在推进企业改革发展过程中，仍不同程度存在重生产、轻党建的问题。究其原因，主要在于融合意识不强、政治站位不高，将党建工作与现代企业制度割裂开来，对国企党建存在的"四化"（弱化、淡化、虚化、边缘化）问题分析不透，主观上对新时代国有企业的改革发展方向还存在认识上的误区。

工作推进方面"一实一虚"。有些单位的党建工作与生产经营依然是"各吹各的号，各唱各的调"，有的人谈起具体业务工作头头是道，当作是"硬任务""硬指标"，而一谈党建工作就官话套话连篇。究其原因，主要在于融合基础不实，融合只流于形式，没能结合生产经营特点，科学

---

① 《习近平在全国组织工作会议上的讲话》，共产党员网，2018年7月3日。

设置党建工作载体，造成党建工作"凌空蹈虚"，在具体工作中找不到有力抓手。

制度保障方面"一软一硬"。有些单位尤其是基层单位，仍将生产经营制度作为"硬约束"，而视党建工作制度为"软约束"，党建制度规范性不够、操作性不强的问题一直没有得到有效解决。究其原因，主要在于融合路径不畅，党建与中心工作没有真正做到"四同步""四对接"（是指党的建设和国有企业改革同步谋划、党的组织及工作机构同步设置、党组织负责人及党务工作人员同步配备、党的工作同步开展，实现体制对接、机制对接、制度对接和工作对接），对党建工作融入中心工作的方式方法研究不透彻，想法多、办法少，口号多、措施少，不善于结合实际规范落实党建制度，不能发挥党建工作的政治优势。

责任落实方面"一紧一松"。究其原因，主要在于融合机制不健全、不完善，没有从体制机制上夯实党建工作"主体责任""第一责任人职责"和"一岗双责"，把党建等同于党务，简单认为党建是专职副书记的事，是党群干部的事，而生产经营干部抓党建就是"种别人的地，荒自己的田"。

三、推进党建工作与生产经营深度融合的路径和举措

只有树立互融互促的理念，把党建工作内容和载体融入到国企发展的每个方面、每个领域、每个层次，用党建工作成效引导生产经营，以党建工作凝聚的智慧和勇气破解生产经营中遇到的困难，才能实现党建与生产经营的深度融合。

（一）融合路径

1. 以完善机制引领融合。习近平总书记在全国国有企业党的建设工作会议上强调，坚持党对国有企业的领导是重大政治原则，必须一以贯之；建立现代企业制度是国有企业改革的方向，也必须一以贯之。两个

"一以贯之"明确指出了党组织在国有企业法人治理结构中的法定地位，从体制机制层面提出了"融合"的方向。结合近几年落地情况，还需要在以下三个方面持续完善：

一是在工作机制上进一步规范"四同步""四对接"。从总体上讲，国有企业"四同步"落实较好，在"四对接"方面，制度对接也需要不断加大创新力度，尤其是在工作对接上，还应有更多打造因企制宜、行之有效的党建载体。

二是在领导机制上进一步夯实"双向进入、交叉任职"（双向进入、交叉任职的领导体制指的是符合条件的党组织领导班子成员可以通过法定程序进入董事会、监事会、经理层，董事会、监事会、经理层成员中符合条件的党员可以依照有关规定和程序进入党组织领导班子；经理层成员与党组织领导班子成员适度交叉任职；董事长、总经理原则上分设，党组织书记、董事长一般由一人担任）。

三是在治理机制上进一步规范党建工作要求进章程。使党建工作纳入章程不停留在纸面上，而是渗透到国企工作的各个环节、各个方面，从企业内部"宪法"层面上为党建全面融入企业中心工作提供坚实保障。

2. 以规范决策强化融合。一是落实好"第一议题"。将及时学习习近平总书记重要讲话、重要指示批示精神和党中央决策部署作为党委会议的"规定动作"，固定为每次党委会议的第一议题。二是发挥好"领导作用"。这方面的作用集中体现为：在研究企业发展战略时，党组织要把好方向关、政策关；在研究关键岗位人员时，党组织把好政治关、廉洁关；在研究重大改革方案时，要把党的组织、机构、人员和工作等同步研究部署。三是策划好"组织生活"。加强基层党组织建设，尤其是推进基层党支部建设，关键是要规范组织生活，重点是要结合企业生产经营工作，推动组织生活从"纯学习"向"巧贯通"转变，有效推动党建工作与生产经营工作深度融合。

3. 以压实责任落实融合。结合国企实际来讲，履行"主体责任"，就是要以新时代党的建设总要求为统领，落实党建工作与生产经营深度融合，以企业改革发展成果检验党组织工作成效。

（二）融合举措

1. 加强思想建设，提升融合共识。思想是行动的先导，从思想上引领融合，要突出抓好两个方面：

一是突出强化看齐意识。强化思想认识、统一工作步调，是一项长期工程，不可能一蹴而就。在推动党的建设与生产经营工作融合发展问题上，也要经常喊"看齐"，要切实以习近平总书记关于国企改革发展和党的建设的重要论述为指导，以"第一议题""中心组学习""三会一课"等多种形式，时刻对标上级精神，找准工作坐标，突出党建引领，绘出最大同心圆，推动广大党员干部立足本职展现"根""魂"优势。

二是突出抓好党内集中教育。重视从思想上建党，党的十八大以来，为了加强、统一全党思想，开展了一系列的党内集中教育，这些党内集中教育，对国有企业员工的思想建设，起了十分重要的作用。

2. 加强组织建设，夯实融合基础。党的力量来自组织，组织严密是党的光荣传统和独特优势。重点要抓好标准化、规范化建设。一是在推进标准化建设上，重在"抓示范、去盲区"。要在严格组织设置基础上选树一批示范党支部，要重点破解党组织应建未建、不按期换届、班子配备不齐等问题，"边、远、小"项目组织设置不够科学、不够合理，混合所有制企业党组织发挥作用不充分，以及联合党支部联而不合、有名无实的问题。二是在推进规范化建设上，重在"建制度、抓执行"。一方面要持续做好相关制度的学习宣贯工作，强化全员法治意识、制度意识、纪律意识；另一方面，要在尊崇法规制度基础上，结合企业实际制定具体的实施办法，把中央的要求，具体落实到企业每一项制度之中，全面发挥制度"约束性""规范性""指导性"作用。

3. 加强队伍建设，提升融合能力。要推进党建与生产经营深度融合，还需要打造能力突出、作风过硬的专兼职党务干部队伍。一是做好人员选配。要结合企业发展战略和重点工作，动态优化企业各层级党的工作机构配置、职能设定，做到人岗相适、人事相宜。要注重做好"双向交流"。选拔一批复合型人才到党务工作岗位，为推进党建与中心工作融合，树立正确用人导向。要注重解决党务干部"标签化"和职业发展"天花板"问题，把党务工作岗位作为培养企业复合型人才的重要平台。严格落实同职级、同待遇政策，推动党务工作人员与其他经营管理人员双向交流。二是做好教育培训。在打造党性坚强、作风过硬、业务精通、数量充足的党支部书记和党务干部队伍过程中，要着力加强"一肩挑"党员领导干部的思想淬炼、政治历练、实践锻炼和专业训练，有效解决"挑不好""一头偏"问题。三是做好党员发展。要结合行业特点和时代需求，加强载体创新，搭建融合平台。注重加强从青年员工、经营骨干中发展党员，优化党员队伍结构。

近年来，珠光集团党委大力实施人才强企战略，充分发挥党组织"管大局"作用，全面落实党管干部人才，激发人才创新活力。确立企业管理者和员工"能进能出、能上能下、能高能低"的用人和分配制度改革原则；坚持"突出业绩"用人导向，推行绩效薪酬机制改革，配套长效激励与奖惩机制，优化员工职业发展通道；大胆充实一批想干能干、政治业务双过硬的年轻干部，基本上解决了人才断层和管理层老化的问题，提升企业整体活力。

在"方法创新"上找准切入点。党建工作载体创建，需要结合年轻人群的认知方式和行为习惯，以"互联网+党建"的形式，充分利用信息化手段促进党建品牌"提档升级"。

珠光集团在微信公众号开设《党史学习园地》《学习贯彻党的二十大精神》专栏，以连载方式提供学习"打卡"渠道，开辟了《党史学习·每周一测》《学习园地·每周一测》专栏，每周五固定推送。《每周一测》每期出10道题检验日常学习成效，全体党员参与测试打卡，及时统计公布各党支部成绩排名，形成比学赶超的学习氛围。

4. 加强工作考核，推动融合落地。开展党建工作责任制考核，是将软指标变为硬约束，推动党建与生产经营深度融合的根本保障。在实际工作中，开展党建工作责任考核，重点是要做好"六个坚持"。一是坚持"量体裁衣"。在党建考核指标上，对不同层级、不同业务类型的企业，要做好考核设计，不能上下一般粗。二是坚持"目标导向"。考核一定要结合企业的战略目标、重点任务、工作短板等，科学设置"评价要点"。三是坚持"有效管用"。做到定性考核与定量考核相结合，既强调"规定动作"做到位，也注重"自选动作"有亮点。四是坚持"以评促建"。推进"考核评价过程"与"调研指导过程"相统一。五是坚持"适时考核"。越到基层，越应注重"动态考核""适时考核"。六是坚持"结果运用"。严格落实"三挂钩"，实现与领导班子综合考评挂钩、与薪酬挂钩、与任免奖惩挂钩。

国企党建与生产经营深度融合是一项重要课题、一项系统工程，需要各级党组织和广大党员干部广泛参与、共同发力。要通过持续完善机制、规范决策部署、强化责任落实，并在夯实基础、提升能力、搭建平台等方面不断增强深度融合的针对性与有效性，真正把企业党建与生产经营"两张皮"拧成"一股绳"，推动国有企业以高质量党建引领高质量发展。

以特区担当不断丰富和发展中国式
现代化的珠海实践

◇ 孙　艳

党的二十大明确了新时代新征程中国共产党的使命任务，指出"从现在起，中国共产党的中心任务就是团结带领全国各族人民全面建成社会主义现代化强国、实现第二个百年奋斗目标，以中国式现代化全面推进中华民族伟大复兴"。[①]深入学习贯彻党的二十大精神，以求真务实、真抓实干的作风把党的二十大的重大决策部署付之于行动、见之于成效，不断丰富和发展中国式现代化的珠海实践，在以中国式现代化全面推进中华民族伟大复兴征程上勇担使命、加快发展、当好尖兵，是新时代新征程上珠海经济特区的光荣担当。

一、学懂弄通中国式现代化的历史逻辑，不断增强高质量建设中国特色社会主义现代化国际化经济特区的信心

实现现代化是中华民族近代以来孜孜不倦的追求。中国共产党自诞生以来，团结带领中国人民所进行的一切奋斗，就是为了把我国建设成为现代化强国，实现中华民族伟大复兴。

新中国成立后，社会主义革命和建设时期，我们党提出努力把我国逐步建设成为一个具有现代农业、现代工业、现代国防和现代科学技术的社

---

①　《习近平在中国共产党第二十次全国代表大会上的报告》，新华网，2022年10月25日。

会主义强国目标。

改革开放和社会主义现代化建设新时期，我们党制定了到21世纪中叶分三步走、基本实现社会主义现代化的发展战略。

进入新时代，经过党的十八大以来在理论和实践上的创新突破，在新中国成立特别是改革开放以来的长期探索和实践基础上，我们党成功推进和拓展了中国式现代化。

党的二十大提出"以中国式现代化全面推进中华民族伟大复兴"，为全面建设社会主义现代化国家提供了根本遵循。中国式现代化与中国特色社会主义一样，都是近代以来中国人民长期奋斗历史逻辑、理论逻辑、实践逻辑的必然结果，具有中国特色，契合中国实际，这条道路不仅走得对、走得通，而且越走越宽广，是实现中华民族伟大复兴的光明大道。

珠海经济特区是改革开放以来中国现代化建设的"排头兵"。习近平总书记对珠海高度重视、寄予厚望，多次视察珠海，为珠海经济特区建设把舵定向、擘画未来。

省委省政府作出支持珠海建设新时代中国特色社会主义现代化国际化经济特区的重大部署。新时代十年之间，珠海经济特区牢记总书记谆谆教导，按照省委省政府部署要求，珠澳合作开启新篇、改革开放持续深化、区域协作不断加强、经济发展进位提速，城乡面貌日新月异，民生福祉显著改善，居民幸福指数持续攀升，用实实在在的发展成就诠释和证明了党中央、省委对珠海发展指引和战略安排的无比正确，为建设新时代中国特色社会主义现代化国际化经济特区打下坚实基础，展现了珠海经济特区感恩奋进，攻坚克难的闯劲和韧劲。

在全面建设社会主义现代化国家开局起步的关键时期，我们必须继续坚定信心，埋头苦干，奋勇前进，高质量建设中国特色社会主义现代化国际化经济特区，以特区担当不断丰富和发展中国式现代化的珠海实践。

二、深刻理解中国式现代化的鲜明特色和本质要求，永葆用经济特区生动实践丰富发展党的创新理论的初心

党的二十大强调，中国式现代化是中国共产党领导的社会主义现代化，既有各国现代化的共同特征，更有基于自己国情的中国特色。中国式现代化是人口规模巨大的现代化，是全体人民共同富裕的现代化，是物质文明和精神文明相协调的现代化，是人与自然和谐共生的现代化，是走和平发展道路的现代化。其本质要求是坚持中国共产党领导，坚持中国特色社会主义，实现高质量发展，发展全过程人民民主，丰富人民精神世界，实现全体人民共同富裕，促进人与自然和谐共生，推动构建人类命运共同体，创造人类文明新形态。中国式现代化是对我国社会主义现代化建设长期探索和实践的科学总结和重大理论创新，是中国特色社会主义发展道路的具体化，是中华民族伟大复兴的现实路径。

作为最早的经济特区之一，珠海经济特区40多年来全面推进各个领域改革，不断拓展对外开放的广度和深度，为中国特色社会主义理论体系的形成和发展提供了源头活水，以巨大的发展成就不断验证和丰富了中国特色社会主义理论体系的科学性，并推动全国改革开放不断深入，发挥了重要作用。

党的二十大阐明了中国式现代化的鲜明特色和本质要求，为珠海经济特区继续用经济特区生动实践丰富发展党的创新理论，提供了根本遵循和行动指南。我们要沿着党的二十大指引的正确方向，坚持"产业第一"，做大做强实体经济，加快构建现代产业体系，持续优化空间布局、交通格局，深化改革开放，加快打造新发展格局重要节点城市；要坚持教育优先发展，加快实施创新驱动发展战略，加快建设湾区人才高地，让人才链衔接创新链、推动产业链；要发展全过程人民民主，更好凝聚起实现民族复兴的强大力量；要统筹推进科学立法，不断提高依法行政水平，全面加强法治社会建设；要推进文化自信自强，推动文化事业和文化产业繁荣发展；要提升人民生活品质，打造民生幸福样板城市；要加快发展方式绿色

转型，打造人与自然和谐共生的美丽珠海；要全面贯彻总体国家安全观，建设更高水平的平安珠海；要坚定不移全面从严治党，为走好新的赶考之路提供坚强政治保证，确保党的决策部署落地落实，继续用工作实效和发展成就为党的创新理论提供丰富养料。

三、牢牢把握全面建设社会主义现代化国家的重大原则，守正创新，用"特区精神"彰显贯彻落实党中央决策部署的决心

当前，世界百年未有之大变局加速演进，我国发展进入战略机遇和风险挑战并存、不确定难预料因素增多的时期。党的二十大深刻分析当前面临的战略机遇和风险挑战，着眼中国式现代化所承载的宏伟目标和战略任务，强调前进道路上必须牢牢把握五个重大原则：一是坚持和加强党的全面领导，二是坚持中国特色社会主义道路，三是坚持以人民为中心的发展思想，四是坚持深化改革开放，五是坚持发扬斗争精神。这些重大原则是对党和人民长期奋斗历史经验的科学总结和丰富发展，为全面建设社会主义现代化国家在根本保证、旗帜方向、价值立场、动力源泉和精神面貌等方面提供了基本遵循，是珠海经济特区在新征程新时代勇担使命、加快发展，当好尖兵的基本原则。

珠海经济特区40多年来始终坚持信念过硬、政治过硬、责任过硬、能力过硬、作风过硬，以敢闯敢试、敢为人先、埋头苦干的"特区精神"，坚定不渝贯彻落实党中央、省委决策部署，承担着中国改革开放的窗口和"试验田"的特殊使命。

改革开放初期，珠海经济特区贯彻落实党的基本路线，率先发展外向型经济、改革经济体制，为全国改革开放创造和积累了大量宝贵经验；进入二十一世纪以来，珠海经济特区深入贯彻落实科学发展观，探索出一条与高污染、高能耗截然不同的绿色发展新路；党的十八大以来，珠海经济特区牢记嘱托，服务"一国两制"伟大实践，大力推进与澳门合作开发横

琴，促进澳门经济适度多元发展，经济社会发展成效显著。历史经验反复证明，正因为牢牢把握这些重大原则，珠海才得以行稳致远，经济特区才能办得更好，办得水平更高。

习近平总书记在二十届中共中央政治局常委同中外记者见面时强调："中国式现代化是中国共产党和中国人民长期实践探索的成果，是一项伟大而艰巨的事业。惟其艰巨，所以伟大；惟其艰巨，更显荣光。"[①]在这项伟大而艰巨的事业的珠海实践中，我们必须深刻领悟"两个确立"的决定性意义，增强"四个意识"、坚定"四个自信"、做到"两个维护"，牢牢把握住中国式现代化的重大原则，锚定全面建成社会主义现代化强国的战略安排，朝着党的二十大明确的总体目标，以"产业第一、交通提升、城市跨越、民生为要"为抓手，加快推进横琴粤澳深度合作区建设、高质量建设新时代中国特色社会主义现代化国际化经济特区，继续弘扬"特区精神"，守正创新、埋头苦干，当好尖兵，用实际行动坚决落实党中央决策部署，为以中国式现代化全面推进中华民族伟大复兴作贡献。

（作者单位：中共珠海市委党史研究室）

---

① 《习近平在二十届中央政治局常委同中外记者见面时的讲话》，人民网，2022年11月16日。

后记

　　中国共产党第二十次全国代表大会于2022年10月16日至22日在北京举行。这是在全党全国各族人民迈上全面建设社会主义现代化国家新征程、向第二个百年奋斗目标进军的关键时刻召开的一次十分重要的大会，是一次高举旗帜、凝聚力量、团结奋进的大会。大会回顾总结了过去5年的工作和新时代10年的伟大变革，阐述了开辟马克思主义中国化时代化新境界、中国式现代化的中国特色和本质要求等重大问题，对全面建设社会主义现代化国家、全面推进中华民族伟大复兴进行了战略谋划，对统筹推进"五位一体"总体布局、协调推进"四个全面"战略布局作出了全面部署。为全面准确学习领会党的二十大精神，深化理论研究阐释，珠海市委宣传部、珠海市社科联、市委党校、市委党史研究室联合组织开展学习贯彻党的二十大精神理论征文活动。

　　珠海市各区各有关单位高度重视、广泛发动，党员干部积极响应、踊跃投稿，涌现出一批主题突出、思想深刻，有情感、有温度的优秀文章，展示了深刻领会新时代的伟大变革、马克思主义中国化时代化新境界、新时代新征程中国共产党的使命任务、中国式现代化的中国特色和本质要求等后的学习成果。征文结束后，珠海市社科联对文章进行认真整理，优中选优，以《风帆正举》为题结集出版，供广大党员干部群众学习交流。

　　由于编者水平有限，难免有疏漏之处，敬请读者批评指正。

编　者

2023年7月